Tilman Hachfeld: Reformation anders

Huldrych Zwingli und die Zürcher Reformation

AF206372

BoD

Tilman Hachfeld

Reformation anders

Huldrych Zwingli und die Zürcher Reformation

BoD-Verlag

Bibliografische Information der Deutschen Nationalbibliothek: Die Deutsche Nationalbibliothek verzeichnet diese Publikation in der Deutschen Nationalbibliografie; detaillierte bibliografische Daten sind im Internet über http://dnb.dnb.de abrufbar.

Herstellung und Verlag: BoD - Books on Demand, Norderstedt

ISBN: **978-3-744820691**

Inhalt:

Vorbemerkungen

Dieses Büchlein ist die überarbeitete Neuauflage meiner Schrift „Huldrych Zwingli – Leben und Werk", Nr. 15 aus der Schriftenreihe „Information*Diskussion" der Evangelisch-reformierten Kirche in Nordwestdeutschland (Teil 1), sowie einer Aufsatzreihe im Gemeindeblatt der Evangelisch-reformierten Kirche Hamburg (Teil 2), beides zum 500. Geburtstag Zwinglis 1984 veröffentlicht.

Die für Teil 1 verwendete Literatur wird im Text nur gelegentlich oder bei Zitaten erwähnt. Im Teil 2 werden alle Zitate benannt.

Neu hinzugekommen sind in Teil 1 der Abschnitt „Zwinglis Verhältnis zum Judentum" sowie Erweiterungen im Abschnitt „Die Musik" und in Teil 2 „Unfreier Wille und Erwählung".

Geändert gegenüber der früheren Auflage habe ich meine Beurteilung von Zwinglis Teilnahme am 2. Kappeler Krieg und seinem Tod: Kurz zuvor war aus Protest gegen die Kriegspolitik er von allen Ämtern zurückgetreten. Zwar blieb er auf Befehl der Räte Vorsizer der Pfarrerschaft und ihr Sprecher, dennoch spricht nichts dafür, dass er die Zürcher in den von ihm abgelehnten Krieg als Feldprediger begleitet hätte; vielmehr kam er nach meinem Dafürhalten als einfacher Zürcher Bürger wie viele andere der neuen Militärdienstpflicht nach. Auch die Art seiner Bewaffnung und seines Todes sprechen dafür.

Verwendete Literatur:

Zwinglis Werke im Corpus Reformatorum, Bde. 88 ff. = Z, Halle/S. 1904 ff.

Oskar Farner: Huldrych Zwingli, 4 Bde., Zürich 1943 – 1960

Martin Haas: Huldrych Zwingli, Zürich 1969

Markus Jenny: Zwinglis Stellung zur Musik im Gottesdienst, Zürich 1966

Gottfried W. Locher: Zwingli in neuer Sicht, Zürich 1969

Ders.: Die zwinglische Reformation im Rahmen der europäischen Kirchengeschichte, Göttingen 1979

Wilhelm Zimmermann: Der große deutsche Bauernkrieg, Berlin 1952

Weiter empfehle ich: Walter Köhler: Huldrych Zwingli, Leipzig 1943 und 1983,

Ulrich Gäbler: Huldrych Zwingli, München 1983.

sowie den Link (humorvoll, teils ironisch, aber gut recherchiert): www.nzz.ch/nzzas/nzz-am-sonntag/reformation-ganz-privat-zwingli-war-ein-lebemann-ld.136654

Berlin im Mai 2017

Tilman Hachfeld

Teil 1

Huldrych Zwinglis Lebenswerk

Der andere Reformator: Huldrych Zwingli

Das 500jährige Reformationsjubiläum verdankt seine Datierung Luthers Thesenanschlag von 1517 und läuft Gefahr, in der Tradition deutscher Kirchengeschichtsschreibung andere Entwicklungen vor allem in ihren Unterschieden zu Luther zu beschreiben. Dabei geraten Persönlichkeiten, kulturelle Hintergründe und lokal unterschiedliche politische Gegebenheiten aus dem Blick. Das trifft besonders für die Zürcher Reformation und ihren ersten Reformator Zwingli zu, dessen Bild lange von Luthers Polemiken gegen ihn geprägt wurde. Dabei hätte schon die Tatsache, dass er kaum mit Gleichem heimzahlte, auf seinen von Luther verschiedenen Charakter aufmerksam machen können und in der Folge auch auf den der Zürcher Reformation an sich, die weniger als in Sachsen eine „von oben" war, als vielmehr ein breiter, demokratischer Prozess, in dem bürgerliche Revolution und geistliche Erweckungsbewegung zusammenwirkten. Diese Besonderheiten sind es wert, sich im Jubiläumsjahr auch der Zürcher Reformation und besonders Huldrych Zwingli zuzuwenden.

Herkunft und Jugendzeit

Wer ist dieser Huldrych Zwingli, dessen Wirken nicht nur seine Heimat nachhaltig verändert hat und bis heute fortwirkt?

Am 1. Januar 1484 wird er in Wildhaus im Toggenburg (heute Kanton St. Gallen) als drittes von zehn Kindern in einer alteingesessenen, angesehenen Bauernfamilie geboren. Öfters stellt die Familie den Amman (etwa: Bürgermeister), und sie ist im 15. Jahrhundert beteiligt gewesen an den Freiheitskämpfen der Toggenburger. Beides, das Ländliche und das Politische seiner Herkunft, kann und will Zwingli nie verleugnen.

Das Bäuerliche klingt immer wieder durch seine Bildsprache, aber auch in seiner Meinung, die Schweiz könne autonom und selbstgenügsam existieren, schlägt es sich nieder.

In seinem politischen Denken spielt die besondere Toggenburger Situation eine wichtige Rolle: während für die Urkantone die Eidgenossenschaft vor allem ein Schutzbündnis zur Erhaltung alter Privilegien war, gab die später erfolgte Einbindung in sie der Grafschaft Toggenburg eine neue Freiheit. Die Sicht, dass der eigene politische Vorteil nur als der Vorteil der gesamten Eidgenossenschaft oder gar Europas errungen werden kann, ist dann später die neue politische Qualität, zu der auch das alte Zürich durch Zwingli findet.

Mit Hilfe von Verwandten und Freunden der Familie kann der junge Zwingli in Wesen, Basel und Bern die Schulbildung erlangen, die Voraussetzung für das wissenschaftliche Studium ist. Als dabei in Bern die Dominikaner sich um den musikalischen Jüngling mit der guten Singstimme zu eifrig bemühen, greift die Familie ein und schickt ihn zum Studium nach Wien, einer Hochburg des aufkommenden osteuropäischen Humanismus.

Studienjahre

Es gibt Indizien dafür, dass der Wiener Aufenthalt durch einen Ausschluss von der Universität unterbrochen sein könnte, ohne dass Gründe dafür erkennbar sind, und daran knüpfen sich Vermutungen, Zwingli habe in der Zwischenzeit auch in Paris oder Tübingen studiert. Doch das liegt alles im Dunkeln. Über seine ausländischen Studienjahre schweigt er sich selber aus. Lediglich seine Freundschaft mit Joachim Vadian, dem späteren humanistischen Rektor der Wiener Universität und dann Bürgermeister und Reformator St. Gallens, geht sicher auf diese Zeit zurück.

Ab 1502 studiert Zwingli in Basel und promoviert dort nach vier Jahren zum Magister der freien Künste. Sein philosophisches Studium ist also - zur Zufriedenheit des offenbar besorgten Vaters - abgeschlossen, und zwar in der Tradition des „alten Weges", der sich auf Thomas von Aquin beruft, bis hin zu Duns Scotus, den Zwingli neben Aristoteles besonders eifrig studiert. „Alter Weg" - Thomas von Aquin - bedeutet ein philosophisches Denken, das Schöpfung und Schöpfer, Verstand und Gotteserkenntnis zusammenschaut, die der „neue Weg" der Spätscholastik, nach dem übrigens Martin Luther unterrichtet wurde, strikt trennt. Zwingli bleibt zeitlebens dem Weltbild des Aristoteles mit der Hochschätzung der menschlichen Vernunft verhaftet.

Während seiner Studienzeit bahnt sich für Basel die Entwicklung zur Hochburg des Humanismus allmählich an, gefördert durch die ortsansässigen Buchdruckereien. Der spezielle schweizerische Humanismus zeichnet sich von anderen Schulen durch das Freiheitsideal aus, das nicht so sehr die individuellen als die politischen Freiheiten hoch hält. Er bleibt nicht wie andernorts Sache eines abgehobenen Gelehrtenstandes, sondern zeichnet sich durch einen handfesten, patriotischen Stolz und das Ziel aus, das ganze kriegerische Hirtenvolk der Schweiz zu einer selbstbestimmten, freien Kulturnation zu erziehen.

Zwingli erlebt den eigentlichen Durchbruch des Humanismus in Basel mit dem Wirken Erasmus' von Rotterdam (ab 1515 in Basel) nicht mehr mit, aber er fühlt sich zu diesen Kreisen, aus denen er ja selber kommt, noch lange zugehörig und korrespondiert u. a. auch mit Erasmus, auch stammen mehrere spätere Mitarbeiter aus der Basler Schule. Joachim Vadian reiht Zwingli 1518 neben Heinrich Glarean, Oswald Myconius und anderen unter „die besten Lehrer" des schweizerischen Humanismus ein.

Katholischer Priester in Glarus

Das auf das philosophische folgende theologische Studium, das allerdings damals keine unbedingte Voraussetzung zum Pfarrerberuf ist, dauert für Zwingli bestenfalls ein Semester. Er wird im Sommer 1506 zum Pfarrer in Glarus gewählt, lässt sich dafür zum Priester weihen und tritt am Jahresende dieses Amt an. Er führt es dann offenbar in gut katholischer Tradition mit Messelesen, Prozessionen, Reliquienverehrung und Ablasswesen zehn Jahre lang.

Das heißt, dass Zwingli, auch wenn sich bei ihm in Einzelfragen, wie der Ordnung der Messfeier, schon erste Zweifel anmelden, noch ganz zu hause ist in der mittelalterlichen Kirche. In ihr spenden die Priester im Auftrag der Kirche durch die Sakramente das Heil. In ihr findet das alltägliche profane Leben seinen mystisch-wunderhaften Ausgleich. Sie ist die Pforte zu einer anderen Existenz, wie das auch der Kirchenbau der Gotik darstellt: Hier herrscht der Zug nach oben, während sich das übrige Leben in der irdischen Niederung abspielt. Mit Ablässen und Wallfahrten kann man sich diesem anderen Bereich nähern, im Sakrament der Messe kann der Priester, der da wundersam das Opfer Christi wiederholt, das ganz Andere handhaben.

Über die Verderbtheit dieser Kirche am Vorabend der Reformation ist vieles bekannt: Der Ablasshandel, das Schachern um Pfründen, die weltlichen Herrschaften der Klöster, Bischöfe und Päpste, das Problem der kirchlichen Gerichtsbarkeit und Banngewalt und - und - und.

Bei alledem ist anzumerken, dass es damit seit den Befreiungskämpfen des 14. Jahrhunderts in der Schweiz ein klein wenig besser - oder ein kleines bisschen weniger schlimm steht als anderswo. Mit der politischen Unabhängigkeit ist es den Eidgenossen auch gelungen, einige kirchliche Dinge selber in die

Hände zu nehmen, zum Beispiel die Priester in weltlichen Dingen auch weltlicher Gerichtsbarkeit zu unterstellen.

Was nicht übersehen werden darf: auch diese Kirche hat seelsorgerliche Funktion, auch sie tröstet und heilt, lehrt und gibt Zuspruch. Nur, bei alledem macht sie auch abhängig von der Institution und nutzt damit alle Möglichkeiten zur Machterweiterung.

Zwingli ist in Glarus Mann dieser Kirche. Über die Missstände in ihr kann er dabei herziehen und spotten und tut es gründlich. An ihrer eigentlichen Rechtmäßigkeit scheint er jedoch noch nicht zu zweifeln. Daneben bleibt er in seinen Glarner Jahren brieflich mit dem Basler Kreis verbunden, der sich nun ganz dem Humanismus zuwendet, sowie mit Joachim Vadian, der noch in Wien ist.

Zwingli nimmt seinen seelsorgerlichen Auftrag offenbar sehr ernst und ist im Volk beliebt. Seelsorge ist es auch, was ihn in dieser Zeit zu einem besonderen politischen Engagement führt. Dabei spielen für ihn die vielfältigen Parallelen der Schweizergeschichte mit der des Volkes Israel eine wichtige Rolle: Auch sein Schweizervolk hat durch seine im 13. und 14. Jahrhundert erkämpfte Freiheit nach innen wie außen eine besondere Begnadung durch Gott erfahren; nun aber ist es hochmütig geworden und verwildert und nimmt teil an dem überall geübten Verrat seines Herrn. Das nämlich sind für Zwingli die blutigen Kriege unter den europäischen Christen seiner Zeit. Schweizer sind besonders an denen zwischen Frankreich und dem Kirchenstaat in Oberitalien beteiligt. Dazu werden von beiden Kriegsparteien in der Schweiz die schon traditionellen, auf Verdienst und Beute versessenen Kriegstruppen der einzelnen Ortschaften angeworben, und den Honoratioren, die das fördern oder dulden, wird dafür eine „Pension" bezahlt. Auch Zwingli, der lange die päpstliche Seite in den oberitalienischen Kriegen unterstützt, erhält bis in seine Zürcher Zeit hinein eine päpstliche Pension.

Nach der Katastrophe von Novara, 1503, wo sich durch eine Änderung der Kriegskoalitionen schweizerische Soldaten unerwartet als Gegner gegenüberstanden, sollte dieses Kriegswesen durch einen eidgenössischen Beschluss abgestellt werden, dieser wird aber nirgendwo befolgt.

Wenigstens zweimal zieht auch Zwingli selber mit in die Kriege, als Feldprediger, der die Männer seiner Glarner Gemeinde geleitet. Dabei erlebt er 1513 den großen Sieg der schweizerischen Truppen in der zweiten Schlacht von Novara mit und 1515 ihre vernichtende Niederlage bei Marignano.

Schon vor diesen direkten Erlebnissen des Krieges, nämlich 1510, äußert sich Zwingli kritisch zu diesem Söldnerunwesen in einer sowohl humanistisch wie schweizerisch-national geprägten Fabel, die in vielen Handabschriften verbreitet wird. Jetzt aber, nachdem er miterlebt hat, wie die von ihren Herrn verkauften Schweizer Söldner im Kampf zu beutegierigen Mördern werden und, sofern sie nicht gefallen sind, verwildert, oft auch krank und verkrüppelt heimkehren (so Martin Haas, S. 4 f.), da wendet Zwingli sich aus seinem seelsorgerlichen Engagement für sein Land und seine Mitbürger den christlich-pazifistischen Gedanken des Erasmus von Rotterdam zu. Er tritt literarisch für eine Welt der Vernunft ein und bekämpft deshalb den Krieg in jeder Form. Ab 1516 korrespondieren Erasmus und Zwingli miteinander.

Seinen Schritt zum Humanismus in dieser Zeit, den er vor allem politisch und kirchenkritisch versteht, bezeichnet Zwingli später als einen ersten Schritt zur Reformation. Zu dieser humanistischen Wende gehört auch, dass Zwingli sich nun in das Studium der griechischen Sprache stürzt, und zwar vor allem in biblischen Studien.

Über Einsiedeln nach Zürich

1516 nimmt Zwingli, wohl auch aus politischen Gründen, vorübergehend einen Ruf nach Einsiedeln an, das als Klosterort neben Zürich noch allein ein Kriegsbündnis mit Kaiser und Papst befürwortet. Die übrige Schweiz, auch Glarus, unterstützt die französische Politik. Zwingli lässt sich in Glarus durch einen Vikar vertreten.

Mit dem wirtschaftlich überaus reichen, geistlich aber sehr heruntergekommenen Kloster hat Zwingli, außer mit zwei Klosterherren, die den riesigen Besitz verwalten, direkt nichts zu tun: Er ist der Leutpriester des Klosters, also Prediger und Seelsorger für Ort und Tal Einsiedeln, zu dessen Messen und Predigten sicher auch Scharen von Pilgern kommen.

Hier beginnt Zwingli konsequent biblisch zu predigen, das heißt, er legt jeden Morgen vor der Messe einen Bibeltext öffentlich aus, gewiss nicht im Sinn der Papstkirche, sondern ihr gegenüber in Humanistenweise kritisch. Er bleibt bei den Eigenaussagen der Texte, verzichtet dabei noch auf Angriffe gegen das dogmatische Gebäude der Kirche, mit Ausnahme des Messopfers, wie er später (in den „Auslegungen") betont; er gebraucht das Wort „Wiedergedächtnis". Öffentlich gilt er noch als Mann des Papstes, ist in Rom sogar für höhere Weihen vorgeschlagen.

Als solcher wird er auch 1518 als Leutpriester an das Zürcher Großmünster berufen, das alte, die Stadt beherrschende Chorherrenstift. Sein offenes Eintreten gegen das „Reislaufen", den schon vorher angeführten Solddienst für fremde Kriegsmächte, spielt dabei gewiss eine Rolle: es sind die Vertreter der einfachen Zünfte, die darunter leiden und sich nun für Zwingli stark machen. Allgemein erhofft man sich von ihm einen Anschluss an das geistige Leben des Basler Humanistenkreises, um aus der eigenen Provinzialität herauszukommen.

Mit Zürich betritt Zwingli städtischen Boden besonderer Art. Die Stadt mit ihren damals etwa 5.000 Einwohnern scheint ihre Blütezeit schon hinter sich zu haben; durch ihren Handel und vor allem ihre Landschaft mit etwa 45.000 Einwohnern hat sie aber noch eine bedeutsame Machtstellung in der Eidgenossenschaft.

Regiert wird die Stadt von den für je ein Halbjahr zuständigen Kleinen Räten, die aber in der Regel gemeinsam tagen, und vom dahinter stehenden Großen Rat, einer Zunftvertretung von 162 Männern. Diese ernennen die Kleinen Räte und werden von ihnen für besonders wichtige oder öffentlich beachtete Entscheidungen in die Verantwortung miteinbezogen. Vorherrschend in den Kleinen Räten sind die Vertreter der reichsten Zünfte, besonders der Zunft der Herren und Ritter, der Konstaffel. Die sind Herren und Ritter nicht aufgrund alter Adelsprivilegien durch Geburt, sondern aufgrund ihres Besitzes in der Landschaft mit Einkünften aus Bodenzins und Gerichtsgebühren. Diese Herren sind auch mit ihrem oft aufwendigen Gehabe maßgebend für den städtischen Lebensstil.

Zürich gilt in dieser Zeit als eine sittenlose Stadt und die Verteilung des Reichtums in ihr ist sehr einseitig. Fast zwei Drittel der Bevölkerung sind praktisch besitzlos. Schon vor Zwinglis Ankunft macht sich aber eine politische Umgewichtung zugunsten der einfachen Zünfte bemerkbar, für die, neben den allgemein wirtschaftlichen Problemen, besonders das Reislaufen eine Rolle spielt. Die Konstaffelherren, die vielfach durch die Pensionen am Reislaufen reich wurden, finden für ihre Haltung jedoch noch kräftige Unterstützung in der Landschaft.

Zwinglis Gegner in Zürich, vor allem Pensionenempfänger (siehe S. 15 unten) und Befürworter eines Bündnisses mit Frankreich, versuchen natürlich, seine Wahl zu verhindern. Sie sagen Zwingli Beziehungen zu einer Frau nach. Zwingli bestreitet das keineswegs; er habe damit aber keine bestehende Beziehung gestört, er empfinde das auch nicht als Sünde, sondern nur als ein vorübergehendes Versagen, dem er in Zukunft durch noch eifrigeres Studium der Wissenschaften vorbeugen wolle. (Brief vom 5.12.1518 an Heinrich Utiger). Diese Antwort scheint die Wahlkommission letztlich überzeugt zu haben.

Predigt nach der Heiligen Schrift

Zwinglis eigentliches Reformationswerk in seinen zwölf Zürcher Jahren ist die Entwicklung des Gottesdienstes, eines Gottesdienstes, der innerhalb wie außerhalb der Kirchenmauern stattfindet. Das ist für Zwingli eine Einheit: Das Wort Gottes will nicht nur in einem privaten, gar verinnerlichten Bereich, sondern in der Gesamtheit des Lebens zur Wirklichkeit werden; das ganze Leben soll Gottesdienst sein. Was dabei im Kirchenraum stattfindet, kann nie Flucht vor, sondern nur Ermunterung für diesen allgemeinen Gottesdienst sein. Zwinglis Augenmerk ist von Anfang an auf die Früchte des Glaubens gerichtet, den der von ihm angestrebte Predigtgottesdienst befördern soll. Das sind beispielsweise Zinsnachlässe, bessere Entlohnung der Arbeiter, Armenfürsorge und ein sittliches Leben. Auch die Beendigung des Reislaufens und Pensionenwesens gehören dazu.

In diesem Sinne beginnt Zwingli, von anderen Verpflichtungen weitgehend entbunden, seine Predigttätigkeit in Zürich mit einer fortlaufenden Auslegung des Matthäusevangeliums, „aus der heiligen Schrift heraus statt nach menschlichem Gutdünken, Gott zu Ehre, den Seelen zum Heil und den Leuten zur Unterrichtung", wie er bei seiner Einführung erklärt. (So H. Bullinger in seiner Biographie Zwinglis).

Damit ist ein Programm verkündet, das sich nicht nur auf den eigentlichen Predigtteil des Gottesdienstes beschränkt. Bei den kirchlichen Gegnern werden Befürchtungen wach.

In seinen zwölf Zürcher Jahren legt Zwingli so seiner Gemeinde hintereinander das Neue Testament (ohne die Offenbarung) und ab 1525 das Alte Testament fortlaufend aus, etwa ein Kapitel pro Woche. Es ist ein Jammer für die Nachwelt, dass es fast keine Mitschriften dieser frei gehaltenen Predigten gibt.

Neben diesen Reihenpredigten hält Zwingli aus gegebenen Anlässen Themenpredigten, die vielfach die Grundlage seiner reformatorischen Schriften sind, sowie, besonders an Markttagen im marktnahen Frauenmünster, auch Textpredigten außer der Reihe.

Die dürftig erhaltene Korrespondenz der beiden ersten Zürcher Jahre lässt einen Zwingli ahnen, der neben seiner intensiven Predigttätigkeit sich die Zeit nimmt, herzlichen Kontakt zu alten, vor allem Basler Freunden zu pflegen und sich um die bei ihm wohnenden Studenten zu kümmern. Musik und das Studium der lateinischen und griechischen Klassiker und der Humanisten, aber auch schon Luthers, sind in diesen Briefen neben biblischen Themen erwähnt.

Herausragend in dieser Zeit ist die Pestepidemie von 1519, der in Zürich über ein Drittel der Bevölkerung zum Opfer fällt. Bei ihrem Ausbruch eilt Zwingli von einer Badekur nach Hause, um als Seelsorger bei seiner Gemeinde zu sein. Dabei erkrankt er selber schwer und ist dem Tode nah. Diese Todesnähe und sein Gebetsringen dabei, in dem er Gottes Willen auch im Allerschlimmsten anerkennt, ist bewegend in seinem Pestlied festgehalten. Dabei handelt es sich nicht um ein Bekehrungserlebnis, doch ist seine Todesbereitschaft für die Sache Gottes seitdem deutlich ausgeprägt.

Spannungslos in politischer wie in theologischer Hinsicht ist diese Zeit keineswegs, auch wenn es nicht zu offenen Konflikten kommt. Zwingli wird von päpstlichen Stellen beobachtet und beargwöhnt, auch mit der Hilfe einiger der Chorherren am Großmünster, und obwohl nach außen ein - fast zu - freundlicher Ton zwischen ihm und dem Konstanzer Bischofssekretär Dr. Faber herrscht, kriselt es auch dort schon, besonders als sich einige Zürcher Gemeinden eigenmächtig aus ihren Steuerpflichten nach Konstanz lösen, und das mit Unterstützung der Räte und sicher auch ihres Leutpriesters.

Zwingli hat mit seiner Predigt, deren Wirkung nun viele zu ahnen beginnen, Rückhalt vor allem bei den Zunftleuten, die den letztentscheidenden Großen Rat beherrschen.

1520 wird dieser Große Rat vor eine erste Bewährungsprobe gestellt. Auf der Tagsatzung, dem Beschlussgremium der Eidgenossenschaft, wird vom päpstlichen Legaten Pucci gefordert und durch eine Androhung der Exkommunikation bestärkt, überall in der Schweiz die Schriften Martin Luthers zu verbrennen. Auch Zwingli hat diese Schriften empfehlend an die Pfarrer des Kantons weitergegeben. Der Große Rat reagiert darauf noch im selben Jahr mit kluger Taktik: Ohne direkt auf Puccis Forderung einzugehen, ordnet er an, dass in der Stadt und in der ganzen Landschaft Zürich nur aus der Heiligen Schrift beider Testamente und ihr gemäß gepredigt werden darf, ohne zugesetzte Menschenlehre und -satzung. Luthers Name wird verschwiegen, wie später auch der Bann gegen ihn, aber das, was Zwingli mit ihm an gemeinsamer Sache betreibt, wird obrigkeitlich verordnet.

In einer anonymen, bebilderten Flugschrift, von Zwingli redigiert, wird Luther als der Mann gezeichnet, der mit des Erasmus Vorarbeiten das Evangelium wieder erkennbar macht. Schweizer Bauern wehren darin den Bannfluch, der Luther droht, ab.

Einen ersten Erfolg auf rein politischer Ebene haben Zwinglis Predigten 1522: Stadt und Landschaft Zürich entscheiden sich, anders als die übrige Schweiz, die gerade wieder ein Soldbündnis mit Frankreich eingeht, zum generellen Verbot des Reislaufens und damit auch des Pensionenwesens. Das entsprechende Ratsmandat sieht strenge Strafen vor.

Fastenstreit und I. Disputation

Im selben Jahr 1522 wird Zwingli zum ersten Mal vom Eifer seiner Anhänger überholt, was dann zum öffentlichen Bruch mit der katholischen Kirche führt - aus einem heute erstaunlichen Anlass: Das kirchlich verordnete Fastengebot der Vorosterzeit wird gebrochen. Im Hause des Buchdruckers Froschauer trifft man sich zum Wurstessen, nicht um sich daran satt zu essen, sondern um sich seiner christlichen Freiheit zu vergewissern und Gott zu loben, dass er aus solcher päpstlichen Gefangenschaft befreit, wie Zwingli es später darlegt. Er selber ist auch dabei, isst jedoch nicht mit; dass aber seine Predigten Ursache des Ereignisses sind, ist offenbar.

Die Räte untersuchen den Fall und verhängen Strafen. Zwingli greift zugunsten der Gestraften mit einer Predigt ein, die er dann zu seiner ersten reformatorischen Schrift „von erkiesen vnd fryheit der spysen" (Die freie Wahl der Speisen) ausarbeitet. In dieser Schrift hebt er die paulinische Gnadenlehre mit der Verwerfung aller Werkgerechtigkeit hervor und fragt daher „Wie darf denn ein Mensch zum Testament Gottes (etwas) hinzufügen, als wolle er es bessern?"

Obwohl dem Strafbegehren des Konstanzer Bischofs nachgegeben und das Fastengebot bis auf weiteres bestätigt wird, verliert die bischöfliche Autorität in Zürich deutlich an Boden, denn der Fastenstreit ist für viele ein Fanal, ein zugleich juristischer wie dogmatischer Angriff auf die Macht der römischen Kirche. Das ruft nun die schon durch das

Predigtmandat von 1520 verärgerten Mönche der Stadt auf den Plan, die zudem oft genug Zwinglis Spott, den üblichen Spott der Humanisten, abbekommen haben. Sie greifen Zwingli vor den versammelten Räten an, erreichen aber das Gegenteil von dem, was sie wollen: Das Predigtmandat von 1520 wird bekräftigt und das Predigeramt in den Frauenklöstern wird von den Mönchen auf die städtischen Leutpriester übertragen; besonders Leo Jud, der gerade nach Zürich gekommen ist, nimmt es dann wahr.

Die Parteiungen in der Stadt werden durch all das vertieft, und es kriselt um das begonnene städtische Reformationswerk ganz erheblich.

Zur Wiederherstellung der Einheit der Zürcher Kirchgemeinde und zur Abwehr der Verleumdungen gegen Zwingli setzen dieser und seine Anhänger in den Räten für Januar 1523 eine öffentliche Disputation zur Meinungsbildung und Beschlussfassung für die Stadt durch.

Damit wird die Form des akademischen Streitgesprächs für ein bürgerliches Rechtsverfahren übernommen, zugleich nimmt der Rat neu - neben der bürgerlichen Aufsicht über den Klerus – eine Lehrentscheidung in seine Kompetenz. Er glaubt sich dazu im Recht, weil von der Kirche weder das seit langem versprochene Konzil noch eine Diözesansynode anberaumt wird und die Klärung der anstehenden Fragen für die Erhaltung des inneren Friedens dringend geboten ist.

Mit dieser Entscheidung verlassen die Zürcher Räte deutlich das Gebäude der Papstkirche in Richtung Landeskirche. Dass sie dabei als alleinige Argumentationsgrundlage das biblische Schriftprinzip, um das es eigentlich geht, anerkennen, macht den Grad dieser Loslösung noch deutlicher.

Über 600 gelehrte und vornehme Leute von nah und fern versammeln sich dann am Morgen des 29. Januar 1523 im

Zürcher Rathaus - allerdings trotz Einladung keine offiziellen Vertreter aus der übrigen Eidgenossenschaft. Eine bischöfliche Delegation aus Konstanz unter Dr. Faber hat zwar nur den Auftrag, der Versammlung das Recht zu verbindlichen Entscheidungen zu bestreiten, wird aber anhand eines konkreten Falls von Beschränkung der evangelischen Predigt in die Sachdebatte darüber hineingezogen.

Angesichts der Ausgangssituation und der Festlegung auf das Schriftprinzip ist der Ausgang der Disputation von vornherein klar. So können die Räte auch schon am Mittag den „Abschied" verfassen, in dem sie Zwinglis der Versammlung vorgelegte Thesen übernehmen und erneut das Schriftprinzip für alle Predigt in ihrem Hoheitsgebiet vorschreiben. Nun ist die Lehr- und Rechtsgewalt der römischen Kirche für Zürich auch offiziell beendet. Zwei programmatische und für den weiteren Verlauf der Geschichte wesentliche Abschnitte aus Zwinglis Thesen seien hier wiedergegeben (hochdeutsch von O. Farner):

„1. Wer immer behauptet, das Evangelium sei nicht an sich wahr, sondern bedürfe der Bestätigung der Kirche, ist auf dem Holzweg und lästert Gott.

2. Kern und Stern des Evangeliums ist, dass unser Herr Jesus Christus als der wahre Sohn Gottes uns zur Kenntnis gebracht hat, was sein himmlischer Vater haben will, und dass er uns mit seiner Unschuld vom Tod erlöste und mit Gott versöhnte.

3. Infolgedessen ist für alle, die je waren, sind und sein werden, Christus der einzige Weg zur Seligkeit.

4. Wer eine andere Türe sucht oder zeigt, der irrt, ja er ist ein Mörder der Seelen und ein Dieb.

5. Deshalb sind alle, die andere Lehren dem Evangelium gleich oder höher setzen, im Irrtum und wissen nicht, was Evangelium ist.

6. Denn Christus Jesus ist der dem ganzen Menschengeschlecht von Gott verheißene und auch geschenkte Wegführer und Hauptmann.

7. Wenn er das ewige Heil und Haupt aller Gläubigen ist, die sein Leib sind - ohne ihn ist dieser aber tot und vermag nichts -,

8. so folgt daraus: erstens, dass alle, die in diesem Haupt leben, Glieder sind und Kinder Gottes, und das ist die Kirche oder Gemeinschaft der Heiligen, eine Hausfrau Christi, ecclesia catholica;

9. zweitens, dass, wie die leiblichen Glieder ohne Leitung des Hauptes nichts vermögen, so auch in dem Leibe Christi niemand etwas vermag ohne sein Haupt Christus.

10. Wie der Mensch dumm dran ist, wenn die Glieder ohne das Haupt etwas unternehmen, sich selbst reißen, verwunden und schädigen, so handeln die Glieder Christi, wenn sie etwas ohne ihr Haupt Christus zu tun wagen, töricht und schlagen und beschweren sich selbst mit unweisen Gesetzen.

11. Von hier aus erkennen wir, dass der sogenannten Geistlichen Pracht, Reichtum, Stände, Titel und Gesetze die Ursachen aller Torheit sind, weil sie mit dem Haupt nicht übereinstimmen.

12. Darum toben sie doch, nicht des Hauptes wegen – denn das bemüht man sich mit Gottes Gnade zu unseren Zeiten hervorzubringen -, sondern weil man sie nicht mehr will toben lassen, vielmehr auf das Haupt allein hören will.

13. Wo diesem Gehör geschenkt wird, da lernt man lauter und klar den Willen Gottes kennen und wird der Mensch durch Gottes Geist zu ihm gezogen und in ihn verwandelt.

14. Darum sollen alle Christenmenschen sich vor allem dafür einsetzen, dass allenthalben allein das Evangelium Christi gepredigt werde.

15. Denn im Glauben daran steht unser Heil und im Unglauben unsere Verdammnis; alle Wahrheit ist ja klar in ihm."

Und weiter unten:

„34. Die sogenannte geistliche Gewalt kann ihre Überheblichkeit aus der Lehre Christi nicht begründen,

35. hingegen die weltliche hat wahrhaftigen und festen Grund aus der Lehre und Tat Christi.

36. Alles, wovon der sogenannte geistliche Stand vorgibt, es gehöre ihm in Bezug auf Rechtsprechung und Schutz des Rechts, gehört den Weltlichen zu, sofern sie Christen sein wollen.

37. Ihnen sind auch alle Christen Gehorsam schuldig, niemand ausgenommen,

38. sofern sie nichts gebieten, das wider Gott ist.

39. Darum sollen alle ihre Gesetze dem göttlichen Willen gleichförmig sein, also dass sie für den Bedrängten einstehen, auch wenn er nicht klagte.

40. Sie dürfen allein nach dem Recht töten - doch nur die, die öffentlich Ärgernis geben -, und erzürnen damit Gott nicht, er befehle denn etwas anderes.

41. Wenn sie denen, für die sie vor Gott werden Rechenschaft ablegen müssen, mit Rat und Hilfe richtig dienen, so sind diese auch schuldig, ihnen leibliche Handreichung zu tun.

42. Wenn sie aber treulos und außerhalb der Schnur Christi fahren würden, dürfen sie mit Gott abgesetzt werden.

43. Kurz: dessen Reich ist das allerbeste und festeste, der allein mit Gott herrscht, dagegen das allerschlimmste und unsteteste dessen Reich, der nach seiner Willkür regiert."

Erste Konsequenzen

Für die neuen landeskirchlichen Herren, die Zürcher Räte, ergibt sich aus der Disputation die Pflicht, nun für die evangelische Predigt in ihrem ganzen Gebiet auch Sorge zu tragen. Wo der Wunsch dazu geäußert wird, vermitteln sie den Landgemeinden entsprechende Prediger. Ein schneller Erfolg ist die Selbstauflösung fast aller Nonnenklöster; ein weiterer, dass allenthalben Pfarrer heiraten beziehungsweise ihre bestehenden Beziehungen legitimieren. Zwingli selbst hält sich damit noch bis 1524 zurück.

Noch an etwas anderem zeigt sich, wie unabhängig sich die Räte von der kirchlichen Obrigkeit in Konstanz und Rom fühlen; und zugleich verdeutlicht das Zwinglis nun erfolgte Distanzierung von Erasmus: Unter dem Schutz Zürichs und auf Einladung Zwinglis findet Ulrich von Hutten Asyl auf der Zürichseeinsel Ufenau. Hutten war nationaler deutscher Humanist, Kämpfer gegen die Priesterherrschaft und wohl der bedeutendste deutschsprachige Lyriker seines Jahrhunderts. Einst hat Erasmus ihn geehrt, ihn dann aber, als er als politischer Flüchtling zu ihm nach Basel kam, verjagt. Dahinter hat wohl der Streit um Luther gestanden, mit dem Erasmus aneinander geraten ist, den Hutten aber hochgehalten hat. Erasmus verfolgte ihn seitdem und versuchte, ihm jedes Asyl, auch in Zürich, unmöglich zu machen. Damit, dass Zürich sich nun darüber hinwegsetzt, wird eine wesentliche Tradition der schweizerischen Reformation bis in unsere Tage begründet: das politische Asylrecht, von dem bald auch Anführer des deutschen Bauernkrieges Gebrauch machen. (Vergl. W. Zimmermann, S. 771 ff.).

In den Monaten nach der Disputation, bis Juni 1523, verfasst Zwingli, indem er seine Thesen ausarbeitet, seine eigentliche reformatorische Hauptschrift „Auslegung und Begründung der Schlussreden". Die Radikalität wird darin sogar noch verschärft.

In einer zweiten großen Schrift desselben Jahres, „Von göttlicher und menschlicher Gerechtigkeit", empfiehlt Zwingli aber, in der praktischen Durchführung darauf zu achten, dass im Umgang der Menschen miteinander neben der Freiheit auch die Ordnung wichtig ist. So soll eine mögliche Abschaffung von Zehnten- und Kirchgebühren, wie in einigen Landgemeinden nun stürmisch gefordert, erst allmählich, überlegt und da, wo damit die Lebensgrundlage anderer angetastet wird, auch nur gegen Entschädigung erfolgen. Festgehalten wird in dieser Schrift jedoch, dass es dasselbe Wort Gottes ist, das uns die Versöhnung verkündigt und das uns lehrt, Gerechtigkeit auch in weltlichen Dingen zu üben. Die weltliche Obrigkeit ist an dieses Wort gebunden. Eine Zwei-Reiche-Lehre ist Zwingli fremd.

Das in dieser Schrift aufgeworfene Prinzip des behutsamen Vorgehens im äußerlichen Reformationswerk bestimmt nun die Reformierung des ganzen Gottesdienstwesens, also auch der Liturgie und Sakramentenpraxis. Zwingli nimmt für eine Übergangszeit bewusst in Kauf, dass die theologische Erkenntnis und der praktische Vollzug auseinander fallen. Denn was theologisch erkannt ist, muss erst durch die Predigt in alle Herzen und Köpfe getragen werden, sonst bleibt die Reformation eine Äußerlichkeit.

Ihre Arbeit an der Reform des Gottesdienstwesens beginnen Zwingli und seine Freunde mit der Taufe. Leo Jud verfasst 1523 ein deutschsprachiges Taufformular, dem er im Vorwort vorausschickt, es solle eine Hilfe auf den Weg hin zu einer schriftgemäßen Taufhandlung sein. Es enthält auch noch eine ganze Reihe exorzistischer (= den Teufel austreibender) Handlungen, die Zwingli in seinem eigenen Tauformular erst 1525 fallen lässt.

Während Leo Jud so an der Taufe arbeitet, befasst Zwingli sich mit der Messe, dem eigentlichen Herzstück des römischen

Gottesdienstes. Hatte Zwingli auch schon vorher, auf der Disputation und in den Auslegungen, seine Abendmahlslehre entwickelt, so erregt doch erst diese Schrift „Versuch über den Messkanon" den eigentlichen Entrüstungssturm, vermutlich deshalb, weil hier nicht nur der Inhalt, sondern auch die Feier selber angegriffen wird, an die Macht und Einkünfte der römischen Kirche gebunden sind.

Dabei verarbeitet Zwingli seine Zweifel an der Messe, die bis in die Glarner Zeit zurückreichen, und legt dar, was für eine obskure Vergangenheit die Messliturgie seiner Zeit hat. Vor allem aber greift er an, dass aus dem Abendmahl Jesu Christi und der Urkirche, die eines Opfers gedenkt, selber ein Opferkult geworden ist. Jesus sagt aber nicht: „Gehet hin und opfert mich!", sondern „esst und trinkt!" Daraus folgt für Zwingli, dass das Abendmahl allein den Zweck hat, uns mit Gottes Erlösungswerk in Christus in Gemeinschaft zu bringen. Es ist ein „Wiedergedächtnis" oder „Testament". In dem beigefügten Vorschlag einer Abendmahlsliturgie legt er Wert vor allem auf Brot und Wein, wie es in den Einsetzungsworten gesagt ist. Die Gewänder und lateinischen Gesänge sind daneben unwesentlich; er ist bereit, sie, richtig kommentiert und ohne Pracht, um der Schwachgläubigen willen noch bestehen zu lassen.

Neben dem zu erwartenden Protest der Altgläubigen melden sich dazu auch die, denen Zwinglis Vorschläge nicht weit genug gehen, seine Anhänger von Anfang an. Sie wollen unter Berufung auf die neutestamentlichen Texte auch Gewänder, den lateinischen Gesang und alles liturgische Beiwerk außer dem Unser-Vater getilgt sehen. In einer bald folgenden zweiten Schrift räumt Zwingli ihnen Recht ein. Nur an seinen ausführlichen Gebeten, die auch seine Abendmahlslehre verdeutlichen, hält er fest. Seine immer wieder geäußerte Bereitschaft, sich selber zu korrigieren, wenn ihm aus der Heiligen Schrift anderes bewiesen werde, findet hier eine Bestätigung.

Während diese Auseinandersetzung noch geführt wird, kommt zu Zwinglis Überraschung eine andere schon in ihre heiße Phase: Unbeanstandet haben die Erben einiger Stifter begonnen, deren Bilder aus den Kirchen zu holen, damit durch sie niemand zum Bilderdienst verführt werde. Aber ausgelöst durch eine Predigt Juds setzt plötzlich in einigen Kirchen ein wahrer Bildersturm ein, teils aus Grundsatz, teils in guter Absicht, die Bilder zugunsten der Armenkasse oder des Spitals zu Geld zu machen. Dabei führt die Entfernung eines großen Kruzifixes vor dem Stadttor zu einem Gerichtsverfahren, in dessen Verlauf der Täter nach geltendem Recht zum Tode verurteilt werden soll. Heftige Proteste gegen diese Absicht des Kleinen Rates kommen von den Predigtkanzeln, aber auch aus dem Großen Rat. Schließlich wird durch eine Kommission eine „Disputation über Bilder und Messe" anberaumt, die zweite Zürcher Disputation. Sie verläuft sehr viel ruhiger und geordneter als die erste und dauert drei Tage. Mit Schaffhausen und St. Gallen sind diesmal auch offizielle Vertreter weiterer Schweizer Städte dabei; die anderen aber fehlen und natürlich auch die Bischöfe.

In der Disputation nehmen Zwingli und Jud anscheinend eine mittlere Stellung ein zwischen Eiferern, denen die Reformation zu langsam geht, und Bedächtigen, die das Volk und auch die Pfarrer auf dem Land für noch nicht reif genug dazu halten. Erst Predigt und Glauben - dann die äußeren Konsequenzen, dieser Grundsatz Zwinglis wird besonders vom Landpfarrer Konrad Schmidt eingebracht, und dem schließt sich dann auch der Rat mit seinem Entscheid an: „Bis auf weiteren Bescheid" sollen Bilder und Messfeier bleiben. Es soll eine „kurze Einleitung" zur Förderung der evangelischen Predigt nach dem Geist Gottes erscheinen, und drei geeignete Pfarrer sollen wie Wanderprediger das Land bereisen. Einer davon ist dann Zwingli selber. Er legt auch mit der „Kurzen Einleitung" (= Instruktion) seine erste reformatorische Bekenntnisschrift vor, durch Ratsmandat autorisiert und den Rat wiederum verpflichtend, für den christlichen Frieden zu sorgen.

Das bedeutet, dass nun der Staat selber reformatorische Initiativen zu ergreifen hat, was er in der Folge auch tun wird. Diese Anbindung der Reformation an die Offiziellen der Stadt entfremdet ihr freilich auch die später als Täufer bezeichnete Gruppe, für die allein die Bibel und der Geist Gottes Autorität haben und die deshalb jeder weltlichen Obrigkeit derartige Kompetenzen bestreiten müssen.

Als seinen Beitrag für eine tiefe innere Vorbereitung der weiteren Reformation gibt Zwingli bald darauf ein Büchlein über die Jugenderziehung und eins für Pfarrer, „Der Hirt", heraus, dessen erster Teil schon den Aufbau des Heidelberger Katechismus vorgibt: Von des Menschen Elend, von der Versöhnung aus Gnaden, vom christlichen Leben.

Das Ende des alten Kultes

Die folgende Entwicklung in den Landgemeinden erweist die eher bremsende Haltung Konrad Schmidts als richtig. Für die Stadt jedoch trifft das nicht zu.

Im Dezember brechen am Großmünster Unruhen aus. Die Kapläne weigern sich, Messe zu lesen, und die Rechtsprechung des Stifts wird öffentlich lächerlich gemacht. Zuerst will der Rat an allen seinen erlassenen Mandaten festhalten, dann jedoch, nach Gesprächen mit Fachleuten und Betroffenen, fasst er den Beschluss, dass alle Bildtafeln in den Kirchen zu schließen seien und sonstiges Bildgut nicht mehr ausgestellt werden dürfe. In der Messe solle auf Verlangen auch Wein ausgeteilt werden. Überhaupt solle freigestellt sein, wer Messe halten will und wo sie

31

noch gehalten werden soll. Es liegt nun also an den Gemeinden selber, zu entscheiden. Nur die größeren Kirchspiele sollen ihrer Minderheiten wegen die Messe noch nicht ganz abschaffen.

Bei der Vorladung der gesamten Pfarrer- und Priesterschaft vor den Rat, um diese Beschlüsse zu verkünden und zur Ruhe zu ermahnen, bricht überraschend eine heftige Opposition hervor. Besonders einige Stiftsherren können die Neuerungen mit ihrem alten Amtseid nicht vereinbaren, „an Gottesdienst und Herkommen nichts zu ändern".

Eine dritte Disputation wird nötig, in der dann im Januar 1524 nur 20, aber dafür die wichtigsten Vertreter beider Meinungen auftreten. Die eigentlichen Reformatoren, die drei Zürcher Leutpriester - der dritte neben Zwingli und Jud ist Heinrich Engelhard - stehen aus formalen Gründen in der Rolle der Angeklagten.

Die Opposition fährt mit großer Klugheit das ganze Geschütz katholischer Kirchenlehre auf. Sie verteidigt beredt die Tradition neben dem Schriftprinzip, begründet in allegorischer (meditativ-assoziativer) Bibelauslegung die Heiligenverehrung und die Bilder, bestreitet das Recht, aus Disputationen neue Wahrheiten abzuleiten und beruft sich auf die alleinige Lehrkompetenz von Konzilen und Papst. Für sie ist der Zürcher Rat, zu dem sie ansonsten loyal steht, hier nicht zuständig.

Die Entgegnungen der Reformatoren sind uns nicht überliefert, nur die Ratsentscheidung, die Chorherren hätten nicht überzeugen können; man solle sie aber bei ihrem alten Glauben lassen, solange sie nicht gegen die ergangenen Ratsmandate aufträten.

Die bisher einfach übergangene Opposition gilt ab nun offiziell als widerlegt, aber auch die noch wache Kraft des Katholizismus in Zürich ist sichtbar geworden; an dieser Front muss gearbeitet und das heißt vor allem: gepredigt werden.

Ab Weihnachten 1523 schon, also kurz vor dieser dritten Disputation, beginnt der Zusammenbruch des alten Kultes. Umgänge, Prozessionen und Wallfahrten hören auf. Das Fasten wird nicht eingehalten, obwohl offiziell noch die Fastenordnung gilt, die Beichte wird nicht besucht und beim Ablass am Gründonnerstag bleibt der Priester gar allein. Statt der frommen Volksfeste sollen die Bürger die Armenkasse der Wasserkirche finanzieren, statt an Umzügen an den Morgenpredigten teilnehmen, die nun die Messe ersetzen.

Zugleich lässt der Rat die Orgeln nicht mehr spielen, die Glocken nicht mehr um gutes Wetter läuten, er stellt alle Segnungen von Wasser, Kerzen und anderem ab, auch die letzte Ölung Sterbender. Soweit noch Heiligenreliquien da sind, werden sie still begraben, auch die der hochverehrten Stadtheiligen Felix, Regula und Exuperantius. Aus den Kirchen verschwinden die meisten Altäre. Zwingli macht seine heimliche Ehe mit Anna Reinhard, verwitwete von Knonau, öffentlich, die drei Kinder mit in die Familie bringt und mit Zwingli vier weitere bekommen wird. Viele andere Geistliche ermutigt das zum gleichen Schritt.

Auf der eidgenössischen Tagsatzung in Luzern wird streng missbilligt, was sich da in Zürich tut.

Für die beiden wichtigsten Punkte, Bilder und Messe, wird erst einmal eine Konferenz zu Pfingsten 1524 abgehalten. Zu diesem Zeitpunkt sind Reaktionen auf Zwinglis „Christliche Einleitung" aus der Eidgenossenschaft erbeten worden. Es sind jedoch keine eingegangen; die einzige, aus Konstanz, kommt mit zwei Wochen Verspätung, sie hätte aber am Lauf der Dinge auch nichts ändern können.

Auf der Pfingstkonsultation wird leicht und einmütig beschlossen, die Bilder aus allen Kirchen in Ruhe und durch kundige Handwerker entfernen zu lassen. Eine Weile werden sie danach noch aufgehoben, dann, obwohl man sich des großen Kunstwertes bewusst ist, zumeist zerstört (einige wenige Altarbilder sind heute noch im Landesmuseum Zürich zu sehen). Die Frömmigkeit, so urteilt Zwingli, und alles sittliche Streben blühen dadurch auf.

In zwei Randgemeinden des Kantons aber, in denen sich Zürcher und Thurgauer Gerichtsbarkeit überlappen (das Thurgau ist gemeinsamer Besitz der alten Kantone und damals gerade unter Zuger Verwaltung), kommt es zu Verhaftungen, darauf zu einem Aufruhr der Bauern und zur Zerstörung der Kartause (Kloster) Ittingen. Auf Ersuchen der Tagsatzung liefert Zürich gegen Zwinglis Willen vier Dorfrepräsentanten an dieses eidgenössische Gericht aus, das gerade in Baden (an der Limmat) tagt. Eine Weigerung hätte befürchten lassen, dass Zürich aus diesem Gremium ausgeschlossen worden wäre.

In Baden aber wird gegen Zürcher Protest auch über Religionsfragen geurteilt und gegen drei der vier auf Todesstrafe als Ketzer erkannt: Märtyrer der Reformation - und zugleich ein Beleg für die Isolation innerhalb der Eidgenossenschaft, in die Zürich sich durch die Reformation gebracht hat.

Dies und wohl auch befürchtete Widerstände im Inneren sind gewiss die Gründe, warum der Rat sich nicht zugleich wie an die Bilder auch an das eigentliche Herzstück des römischen Kultus heranwagt: an die Messe. Etliche Priester praktizieren sie, zumeist widerwillig, einige auch nach Zwinglis erster Reformvorlage, viele weigern sich. In den Kreisen um Konrad Grebel und Felix Manz wird schon das einfache Hausabendmahl der späteren Täufergemeinde praktiziert - durchaus im Verständnis von Zwinglis Abendmahlslehre. Das Zögern des Rates in dieser Sache trennt sie noch weiter von der Zürcher Kirche.

Den Reformatoren bleibt dafür die nötige Zeit, ihre Gemeinde auf das neue, nämlich reformierte Abendmahl predigend vorzubereiten. Als es dann endlich so weit ist, kann sie es nicht nur in einer neuen äußeren Form, sondern in einem neuen Verständnis des Sakraments feiern.

Das reformierte Abendmahl

Im April 1525 legen Zwingli und seine Freunde dem Rat gleich gedruckt eine ganz neue Abendmahlsliturgie vor und verlangen endgültig die Abschaffung der Messe. Ein entsprechendes Ratsmandat ergeht schon am Tag darauf, und noch einen Tag später, es ist der Gründonnerstag, wird in Zürich das erste reformierte Abendmahl gefeiert. Ein großer Tisch ist gedeckt mit Brottellern und Bechern aus Holz. Verordnete Diener, Pfarrer und andere Bürger, halten Lesungen, zuerst nach dem Eingangsgebet 1. Korinther 11, 21-29, dann nach dem (gesprochenen) Lobgesang Johannes 6, 47-63. Es folgen Glaubensbekenntnis, Unser-Vater, ein weiteres Gebet des Pfarrers und die Einsetzungsworte nach 1. Korinther11.

Nun tragen die verordneten Diener das ungesäuerte Brot und den Wein in die Gemeinde, die sitzenbleibt. Abgeschlossen wird die Feier mit dem 113. Psalm und einem Sendungswort.

Wegen der Größe der Gemeinde wird das Abendmahl am Gründonnerstag den jüngeren und an Ostern den älteren Gemeindemitgliedern gereicht, und so soll es viermal im Jahr, zu Ostern, Pfingsten, im Herbst und an Weihnachten gefeiert werden, „sofern es unseren Kirchgemeinden gefallen wird." Es gefällt.

Die Musik (vergl. dazu Markus Jenny)

An dieser Stelle ist noch ein Wort über Zwinglis Verhältnis zur Musik angebracht. Es wird ihm oft vorgeworfen, er hätte alle Musik aus dem Gottesdienst verbannt und den Gemeindegesang abgeschafft. Dabei wird nur zu oft übersehen: Um etwas abzuschaffen, muss es vorher da sein.

In der mittelalterlichen Kirche in der Schweiz vor Zwingli gab es keinen Gemeindegesang. Zwinglis wiederholte Polemik gegen „Murmelgesänge" und ähnliches richtet sich hauptsächlich gegen den Singsang der Nonnen, der allerdings sein musikalisches Empfinden sehr verletzt haben muss. Und ob das Wegschaffen der Orgeln von ihm ausgegangen ist, ist nicht festzustellen. Ich denke: nein. Zwingli ist ein ausgesprochener Musikliebhaber, er spielt viele Instrumente und bekommt durch seine nächtlichen Hausmusiken Schwierigkeiten mit Nachbarn. Zudem gibt es von ihm einige geistliche Lieder, von denen allerdings nur eines Eingang in unsere Gesangbücher gefunden hat („Herr, nun selbst den Wagen halt").

Dass die Musik zur Allgemeinbildung gehört, betont er in seiner Schrift von 1523 „wie man edle Jünglinge heranbilden soll", die, zunächst seinem Stiefsohn Gerold Meyer von Knonau gewidmet, etliche Auflagen in Latein und Alemannisch findet. Dabei ordnet er die Musik als Unterabteilung der Mathematik zu. 1528 gründet er selber die erste Musikschule und befördert musikalische und dramatische Aufführungen von Schülern und Bürgern teilweise mit eigenen Kompositionen. Er unterscheidet aber solche weltliche Musik von gottesdienstlicher, die keinesfalls die Konzentration auf das Wort beeinträchtigen darf.

In seiner Abendmahlsliturgie von 1525 verweist er im Vorwort auf andere Kirchen, in denen durchaus auch gesungen werden könnte, und ganz vorsichtig will er selber etwas einführen, was wohl die Vorstufe für einen Gemeindegesang wäre - würde es ihm der Zürcher Rat nicht aus seinem Entwurf streichen. Loblied, Glaubensbekenntnis und der 113. Psalm sollen ursprünglich von der Gemeinde gemeinsam, Männer und Frauen im Wechsel, gesprochen werden, wohl doch in einer Art Rezitativ. Aber es bleibt durch Ratsbeschluss beim Wechselgebet nur zwischen Pfarrern und Dienern.

An anderem Ort, in einem bestehen bleibenden Kloster, das unter Zürcher Verwaltung kommt, schlägt er einen Gesang der Mönche „in uno sono", d. h. auf einem Ton vor, eine eigenartige Form, aus der sich aber zwangsläufig eine Art Psalmengesang hätte entwickeln müssen. Als in den folgenden Jahren in Basel und St. Gallen der Kirchengesang in der Form von Psalmliedern eingeführt wird, hält er das für richtig, macht aber keine Versuche, in Zürich ähnliches einzuführen. Das bestätigt, dass er das „ius liturgicum", das Recht, die Gottesdienstform zu bestimmen, beim Rat der Stadt sieht - und sich auch hier, wie in vielen anderen Dingen, die die Leitung der Kirche betreffen, dem Rat unterordnet.

Der reformierte Gottesdienst

Was bleibt nun, nach der Abschaffung der Messe als dem Herzstück des mittelalterlichen Gottesdienstes sowie der Bilder und Orgeln samt mönchischem Chorgesang, der Prozessionen und Stundengebete, übrig als Gottesdienst in der nach dem Wort Gottes reformierten Kirche zu Zürich?

Es ist die Predigt, die vordem nur ein Beiwerk war, gehalten gar nicht mehr aus kirchlicher Initiative, sondern auf Verlangen des Volkes. Doch diese Predigt hat einen neuen, lebensbezogenen biblischen Inhalt erhalten. Dazu gehören Textlesungen und Gebete, also auch eine, nun aber streng biblische Liturgie. Und viermal im Jahr wird das Abendmahl, in Zürich sagt man „Nachtmahl des Herrn", mit der ganzen Gemeinde gefeiert – wobei auch hier eine Predigt vorangestellt ist.

Alles andere, was in der mittelalterlichen Kirche unter „Gottesdienst" firmierte, findet nicht mehr statt. Mit den dadurch frei werdenden, beträchtlichen Geldmitteln findet die Gemeinde ein ganz anderes gottesdienstliches Betätigungsfeld im sozialen Bereich.

Bevor wir darauf näher eingehen, wollen wir fragen, was denn nun diese biblische Predigt eigentlich beinhaltet. Wie schon gesagt, gibt es von Zwingli keine Predigtmitschriften oder gar Manuskripte. Er predigt frei, versehen mit dem biblischen Text und knappen Randbemerkungen dazu. Erhalten ist uns aber die Nachschrift einer Predigt, die vielleicht nicht typisch ist, denn es ist keine seiner Reihenpredigten, die aber doch auch erkennen lässt, was für Zwingli „Predigt nach der Heiligen Schrift" bedeutet.

Am 5. März 1525 notiert sich ein uns Unbekannter aus der katholischen Innerschweiz Aufbau und Inhalt von Zwinglis Predigt. Der Mann kommt aus Neugier in die Kirche, ihn interessiert, was Zwingli vielleicht zur Niederlage eines schweizerischen Söldnerheeres bei Mailand zu sagen hat. Dabei wird er innerlich gepackt und überzeugt.

Diese Predigt „Wider die Pensionen" hat 12 Abschnitte folgenden Inhalts (aus dem Alemannischen, leicht gekürzt):

„1. Einleitung: Er, Zwingli, habe länger nicht mehr über die Kriegsproblematik gepredigt; einfach weil es, auch durch Verdienst des Zürcher Rates, nicht nötig gewesen sei.

2. Er hätte nicht etwa wegen des Herzogs Ulrich von Württemberg zu diesem Thema geschwiegen; dessen Versuchen, Söldner anzuwerben, habe der Rat einen Riegel vorgeschoben; er

(Zwingli) selber habe ihn in den vielen Gesprächen, die sie miteinander hatten, immer im Sinn des Rats ermahnt, nicht die Knechte (Soldaten) von Zürich aufzuhetzen.

3. Im Übrigen sei es mit den Kriegen, die der Württemberger führe, anders als bei anderen: Der kämpfe um sein Vaterland und Erbe, etliche übrige Herren aber darum, anderen das Ihre zu nehmen. Er sei zudem auch wegen der Aussichtslosigkeit angesichts der kaiserlichen Übermacht gegen die Politik des Württembergers gewesen. Man mache aber in der Eidgenossenschaft um ihn wie auch um Zwinglis Schrift gegen Dr. Johannes Eck (November 1524) viel Wesens, ohne nach Inhalten und Gründen zu fragen.

4. Über die Kriege der Eidgenossenschaft hat er (Zwingli) so gesprochen, dass die Leute weinten und seufzten und es klar wurde, die Zürcher hätten keine Freude an der Niederlage. Gott habe die Eidgenossenschaft gegen die Ausbeutung durch den Adel entstehen lassen - als Lehre für jeden hochmütigen Adel.

5. Unsere Vorfahren seien der Freiheit und Gnade Gottes so froh gewesen, dass all ihr christliches Leben, das sie deshalb führten, auch die Feinde beeindruckt habe. Sie waren trotz falschen Unterrichts in der Lehre wahre Christen; ihr Tun sei von Gott gewesen, und deshalb waren sie auch von Fürsten und Herren nicht zu besiegen.

6. Wenn nun Gott die Vorfahren um dieser Einfältigkeit willen behütet habe, so folge daraus, dass er seine Hand und Gnade von uns ziehen werde, wenn wir diese Tradition verließen. (Durch diese ernsten Worte erklärt sich der Aufzeichner, der eigentlich als Gegner zuhörte, bekehrt.) Wollten wir die Freiheiten der Vorfahren behalten, müssten wir auch ihre Unschuld haben.

7. In der Eidgenossenschaft gebe es zweierlei Adel, schlimmer als jeder frühere, denn er sitze mitten unter uns. Das eine seien die

Bezieher von Pensionen (als Entgelt für das Recht, bei ihnen Soldaten anzuwerben), die Zwingli „Birnenbrater" nannte, weil sie, (während die anderen kämpften) hinter dem warmen Ofen hockten. Mit falschen Versprechungen brächten sie die Väter dazu, um ihre Söhne zu markten. Das andere seien die Söldnerführer, die sich schmückten, dass Sonne und Mond dadurch beschämt würden, erst recht aber die Menschen, so wie sie in Gold und Silber und in geschlitzten Kleidern herumliefen.

8. Worte wie „Blutsauger" und „Blutegel" seien, bei aller zugegebener Derbheit seiner Ausdrucksweise, sonst nicht seine Schimpfworte, auch wenn er selber, wahrheitswidrig, manchmal so genannt worden sei. Nun müsse er aber doch sagen, wem diese Hauptleute glichen, egal wer sich daran stoße. Das Beispiel sei noch weniger böse als sie selber: Metzgern seien sie gleich, die ihr Vieh nach Konstanz treiben, dort Geld einnehmen und von neuem zusammentreiben. So täten es die Pensionäre und Hauptleute, die, mit nur einer Ausnahme, immer wohlbehalten mit geldgefüllten Mantelsäcken heimgekehrt seien. Die Kinder der Leute aber hätten sie verschachert. Und dann gehe es gleich wieder von neuem los.

9. Heftig fuhr Zwingli fort, man wisse ja, wie er schon vorher gesagt habe, eine Vereinbarung (zum Kriegsführen) um Geldes willen führe zur Zerrüttung der Eidgenossenschaft und werde nicht ohne großen Schaden und Schande ausgehen. Und es sei wieder zu sagen: Das ist noch nicht aus, es muss erst noch schlimmer kommen. Die Pensionäre säßen größtenteils in den Regierungen. Wenn ein Wolf ein Schaf hole, läute man die Kirchenglocken, wenn sie aber so viele stolze Männer verführten, stürme (von Sturm läuten) niemand. Wendeten die Zuhörer nicht alle Energie auf, dass dieses Übel bestraft werde, so werde Gott sie mit den Schuldigen strafen. Denn Gott lasse solchen Betrug am gemeinen, frommen Mann nicht ungerächt - verschone dabei

auch nicht die Lauen, die sich dem Übel nicht mit aller Kraft widersetzten.

10. Den göttlichen Zorn versöhnen und wieder zu Ruhe und Gnade kommen könne man nur, indem man nach 1. Korinther 5,13 die Pensionäre und Hauptleute „aus seiner Mitte hinwegschaffe". Bekehrten die sich aber, dann genüge es, ihr Geld denen zu übergeben, die sie zu Witwen und Waisen gemacht hätten.

11. Hoch und Niedrig in Zürich solle Gott um die Kraft bitten, dies vor allen Gemeinden und Räten vorzubringen und darauf zu dringen, dass man das wahre Gotteswort treu und öffentlich predigen lasse. Nur so käme alles wieder in Ordnung: Gottesfurcht, Liebe, Freundschaft und Frieden. Ohne das gebe es keine gute Hoffnung. Täten die Zürcher so, auch ohne dass man ihnen folgte, so hätten sie sich doch von der Strafe Gottes gelöst. Täten sie aber nicht so, hätte Gott kein Nachsehen mit ihrer Nachlässigkeit. Und es gebe noch viele in der Eidgenossenschaft, die an jenen Buben mächtig Ärgernis nähmen.

12. Dessen solle jeder in seinem Gebet gewissenhaft eingedenk sein, dass Gott uns den richtigen Verstand verleihen wolle, dass wir uns das Recht und die Wahrheit gefallen lassen sollten."

In dieser Predigt wird also erst im letzten Viertel der Bibeltext eingeführt und zudem noch sehr knapp und radikal zur Konsequenz gebracht. Die Predigt zeigt aber, auch wenn sie als Themenpredigt untypisch sein sollte, einen wesentlichen Charakterzug der Zürcher Reformation: Es geht ihr um einen heute und mit den heutigen Fragen gelebten Gottesdienst in Tat und Gebet, der in allen, besonders auch den politischen Bereichen klare Entscheidungen fordert und zu verwirklichen sucht.

Sozialpolitik als Gottesdienst

Der Predigtgottesdienst im Kirchengebäude ruft auf, ermahnt, drängt und ermutigt. Der Gottesdienst der Kirchengemeinde vollzieht sich im ganzen Gemeindeleben. Söldnerproblematik und eidgenössische Politik sind dabei die eine Seite; die andere, die nun mit großem Ernst durchgeführt wird und Zürichs Leben umgestaltet, ist die Sozialpolitik.

Für die abgeschafften Bilder waren zuvor große Unterhaltskosten, zum Teil als verzinsliches Kapital, vorgesehen. Das gesamte Kirchenwesen mit Messen, Prozessionen, Wallfahrten und anderem verschlang riesige Summen. Der Kirchenzehnte ging drauf für den Unterhalt einer unnötig großen Zahl von Kaplänen und Priestern, und schließlich besaßen die Klöster in Liegenschaften und beweglicher Habe unermesslichen Reichtum. Alle die Geld verzehrenden und hortenden Institutionen sind nun weggefallen.

Der Zehnte und das vorhandene Stiftungs- und Klostervermögen bleiben aber weiterhin gottesdienstlich gebunden. Sie werden gemäß Matthäus 25, 40 und 45 für die Armen und Kranken verwendet.

Die vom Rat im Januar 1525 erlassene Almosenordnung, zusammen mit dem Erlass über die Aufhebung der Klöster vom Dezember 1524, schafft etwas für diese Zeit ganz Neues, eine Art Wohlfahrtsstaat, der sich dann über Jahrhunderte bewährt und dessen Grundstruktur in der Schweiz bis heute besteht.

Zunächst werden die Klöster aufgelöst. Jüngere Mönche sollen einen Beruf erlernen, die begabten und willigen den des reformierten Pfarrers. Die übrigen werden, wenn sie nicht von Herkunft her Zürcher sind, heim geschickt. Die dann noch verbleibenden, vor allem älteren Mönche müssen alle ins Barfüßerkloster zusammenziehen und werden dort, bald zusammen mit anderen verarmten Bürgern, versorgt. Die freigewordenen Klöster werden zu Spitälern umgebaut. Das Barfüßerkloster in Zürich ist damit der Anfang der schweizerischen Armen- und Bürgerheime und -spitäler, die bis heute bestehen.

Von den Nonnenklöstern löst nur ein Konvent, der am Oetenbach, sich nicht selber auf. Dieses vorstädtische Kloster wird zum Pflegeheim für Pockenkranke. Die Klosterfrauen sind die Pflegerinnen, und zwar nicht nur dort, sondern auch in den Häusern in der Stadt. Hier zeichnet sich das Amt der Diakonisse auf reformiertem Boden ab.

Für das große freiwerdende Vermögen der Klöster wird eine Pflegschaftskommission eingesetzt, die mit den drei Leutpriestern zusammenarbeitet und dazu sieben Armenpfleger für die Stadtbezirke einsetzt. Die ganzen Vermögen fließen dafür zusammen in den „Gemeinen Kasten", über dessen Verwendung streng Buch geführt wird. Die Landgemeinden verfahren für ihre Orte ähnlich.

In Zürich kann auf diese Weise der Straßenbettel abgestellt werden, und jedem, der sich nicht durch Wirtshaushockerei, Hurerei und ähnliches selbst ausschließt, wird zum Auskommen verholfen, auch politischen und Glaubensflüchtlingen, die nach Zürich kommen.

Ein weiteres wichtiges Institut, das die neue Landeskirche bzw. der Staat übernehmen muss, ist der Teil der Rechtspflege, der vordem kirchlich war. Das betrifft das Sittenrecht. Um in diesem Zweig bürgerlicher Ordnung kein Vakuum entstehen zu lassen, legt Zwingli Anfang 1525 einen „Ratschlag betreffend die Ausschließung" vor, also eine Ordnung, die das kirchliche Recht der Exkommunikation nach bestimmten Verfehlungen regeln soll. In seinem Ratschlag soll dieses Recht bei den

Kirchengemeinden unter Federführung ihrer Pfarrer liegen und betrifft nicht nur, wie gehabt, Trinker, Lästerer, Hurer und Ehebrecher, sondern auch Sünder in Wirtschaftsdelikten. So sieht er als einen Grund zum Ausschluss auch den Wucher an, und das heißt beim ihm: ein Bodenzins von mehr als 5 %, eine für das 16. Jahrhundert geradezu revolutionäre Einschränkung, die außer Zwingli etwas später nur noch Calvin so fordern kann.

Einen derartigen Eingriff in das geschäftliche Leben durch die Kirchengemeinden und ihre Pfarrer kann der Rat, zumal nach den bösen Erfahrungen mit der mittelalterlichen Kirche, nicht gutheißen. Zwinglis Vorschlag wird abgelehnt.

Wie auch in anderen Fällen beugt er sich dem Ratsbeschluss, ist ihm doch der Rat die Repräsentanz der christlichen Gemeinde und hat er die Art, wie dieser seine Verantwortung wahrnimmt, schätzen gelernt.

Dafür schafft dieser Rat nun gemeinsam mit Zwingli die Institution des Ehegerichts; das entsprechende Dekret ergeht im Mai 1525.

Je zwei Groß- und Kleinratsmitglieder und zwei Pfarrer bilden dieses Gericht. Damit soll nicht ein Zusammenwirken zweier Bereiche im öffentlichen Leben, sondern das einheitliche christliche Staatswesen repräsentiert werden.

Die Ehe wird zu einem Recht erklärt, zu dem die Eltern ihren Kindern zu verhelfen haben. Neunzehnjährige sind selbst, auch gegen den elterlichen Willen, ehemündig. Scheidung und Wiederverheiratung, letzteres nach Wartefristen, werden möglich. Die Eintragung ins Kirchenbuch als Standesamtsregister wird Pflicht. Für Ehebruch und Hurerei wird die Strafe des Ausschlusses vom Abendmahl (Bann) neben der Strafe durch die Obrigkeit vorgesehen. Dem Richtergremium wird dabei in der Tradition germanischen Rechtsdenkens ein sehr weiter

Ermessensspielraum gewährt.

1526 wird dieses Ehegericht zur Aufsichtsbehörde über das ganze sittliche Leben erweitert, sehr stark mit seelsorgerlich beratender Funktion. Als solches wird es in Straßburg und später in Genf übernommen und verbreitet sich von dort als „consistoire" in die ganze reformierte Welt. Es ist das Institut, das die Kraft und Geschlossenheit gerade auch der verstreuten reformierten Gemeinden lange Zeit erhält.

Die Prophezei

Noch ein weiteres, richtungweisendes Institut entsteht 1525: die „Prophezei", Keimzelle der späteren theologischen Fakultät und der Universität Zürich überhaupt. Aber diese Prophezei ist viel mehr als das: Sie ist die theologische Arbeitsgemeinschaft aller Pfarrer und Studenten.

Jeden Vormittag um 8 Uhr - außer Sonntag und Freitag, dem Markttag - trifft man sich für etwa eine Stunde oder etwas mehr. Nach einleitendem Gebet wird in kontinuierlicher Reihenfolge eine alttestamentliche Textstelle zuerst lateinisch aus der Vulgata verlesen. Das macht ein Student. Dann wird der Text hebräisch gelesen und von da ins Lateinische zurückübersetzt, erklärt und verglichen. Dafür gibt es einen berufenen Hebräischlehrer. Ebenso verfährt man mit dem griechischen Text der Septuaginta, was anfangs Zwinglis Aufgabe ist. Zum Schluss folgt die deutsche (alemannische) Übersetzung mit einer Auslegung. Das besorgt einer der anwesenden Prediger. Dabei sind Einwürfe, Nachfragen und Vorschläge zum besseren Verständnis aus dem Teilnehmerkreis willkommen; es ist also eine Art Seminarbetrieb.

Der Zeitaufwand entspricht den früher einzuhaltenden Stundengebeten. Der Finanzaufwand für den Hebräischlehrer entspricht dem für einen Chorherren am Großmünsterstift.

Scheidet einer von diesen durch Tod oder Wegzug aus, wird die Stelle zu einer Dozentenstelle umfunktioniert.

Zu Zwinglis Lebzeiten werden in der Prophezei alle Bücher des Alten Testaments behandelt; bei seinem Tod ist man bei der nachgeschobenen Bearbeitung der Chronikbücher.

Neben der dringend nötigen Fortbildung für die Pfarrer ist ein wichtiges Ergebnis der Prophezei die Zürcher Bibelübersetzung. Luthers Neues Testament, von Zwingli für den alemannischen Sprachraum bearbeitet, ist in Zürich 1524 in Druck gegangen. Das Alte Testament erscheint nun in Wittenberg und Zürich in Fortsetzungen, wobei sich die Zürcher gerne der deutschen Vorarbeiten bedienen, ohne sie einfach zu übernehmen (vom umgekehrten Fall ist nichts bekannt). So kann als erste kritisch übersetzte Gesamtbibel in deutscher Sprache 1529 die Zürcher Bibel vorgelegt werden, schon mit den von Leo Jud übersetzten Apokryphen. Im Vorwort zur zweiten Auflage 1531 erwähnt Zwingli dankbar die Wittenberger Vorarbeiten. Original und allein zürcherisch sind dabei die Übersetzungen der Propheten und der poetischen Bücher.

Zwinglis Verhältnis zum Judentum

Als Zwingli 1518 nach Zürich kommt, gibt es in der Stadt keine Juden; die letzten sind von dort wie von vielen anderen Orten vor einem Jahrhundert vertrieben worden. Wie dann später besonders für Calvin, sind sie für Zwingli vor allem eine theologische Größe: Da der Bund Gottes mit den Menschen in der Schöpfung nicht gebrochen und nicht ersetzt werden kann, weil sonst Gottes Wort unwirksam würde und Gott sich getäuscht hätte, bleibt auch sein Bund mit den Nachkommen Abrahams bestehen. Gott als der in Allem absolut Wirkende und absolut Zuverlässige macht die Erwählung nicht rückgängig.

Es ist vor allem die Wirksamkeit des Wortes Gottes, das keiner Änderung oder Täuschung unterliegen kann. Deshalb zeigen auch die hebräischen Texte den selben Gott wie das Neue Testament, das als Neuerung nur den Einbezug der Heiden bringt, abgesehen von der Wirkung des Christus, die aber für alle Menschen seit Beginn der Welt gilt. (Damit steht Zwingli in einem Gegensatz zu Luther, der besonders die Bedeutung des Gesetzes betrifft).

Zwingli hat die Werke des italienischen Philosophen G. Pico della Mirandola (1504 in Straßburg erschienen) erworben und studiert sie intensiv, begegnet dabei auch kabbalistischem Denken und erkennt, dass das Christentum nur aus dem Judentum verstanden werden kann. So begründet er die Kindertaufe aus der Beschneidung und das Abendmahl aus dem Passa, in dessen Liturgie wie in seiner Abendmahlsliturgie der 113. Psalm das Dankgebet bildet.

Wichtig ist ihm das Erlernen der hebräischen Sprache. Obwohl es Zwingli Mühe macht, bleibt er zeitlebens dabei. Über längere Zeit kommt täglich ein Jude aus Winterthur zu ihm nach Zürich, um sich mit ihm "flyssig" zu besprechen. Zwingli spielt die Bedeutung dieser Besprechungen herunter - er will zu den vielfältigen Vorwürfen der Irrlehre nicht noch den judaisierender Theologie auf sich ziehen. Aber das Erklären der hebräischen Vokabeln und Grammatik geht wohl kaum ohne Erörterung jüdischen Verständnisses der Texte vor sich.

1525 wird auf Zwinglis Betreiben Konrad Pellikan aus Basel als Lehrer für Griechisch und Hebräisch an die Prophezei berufen, was dieser großen Auftrieb gibt. Pellikans „Commentaria bibliorum" sind der einzige vollständige biblische Kommentar der Reformation; später gibt er etliche rabbinische Literatur in lateinischer Übersetzung heraus.

Der Genossenschaftsgedanke

Nicht zu einer festen Institution, aber zum Beginn eines bis heute andauernden demokratischen Prozesses führt das Verhältnis Zwinglis zu der mit der deutschen kaum vergleichbaren schweizerischen Bauernbewegung, oder, besser gesagt, der Emanzipationsbewegung in den Herrschaften, also den Ländern, die den Städten und den Urkantonen teils gemeinsam, teils einzeln als Untertanenland zugehören. Allerdings sind in diesen Gebieten dörfliche Selbstverwaltung und persönliche Freiheit sehr viel weiter entwickelt als in irgendeinem fürstlichen Gebiet außerhalb der Schweiz.

Der Streit jener Jahre geht um Zehntenabgaben, Jagd und Fischfang, freie Pfarrwahl und die Abschaffung der teilweise noch – in milder Form - bestehenden Leibeigenschaft. Dabei wird von den Landleuten gut reformiert aus der Bibel argumentiert, das Gotteswort hebe alle menschliche Tradition auf, die ihm widerspreche oder die nicht durch es gedeckt sei.

In der Predigt, die Zwingli über dieses Problem hält und dann in der Schrift „Von göttlicher und menschlicher Gerechtigkeit" ausarbeitet, sowie in der Schrift „Wer Ursache zum Aufruhr gebe" geht er sogar noch weiter als die Forderungen der Landleute, indem er den ganzen Eigentumsbegriff in Frage stellt und ihn der Struktur der Sünde zurechnet. Heftig greift er dabei Erscheinungen des aufkommenden Frühkapitalismus an. Jedoch ist der allgemeinen Ordnung halber an bestehenden Rechten vorläufig festzuhalten - unter strenger Berücksichtigung des Grundsatzes der Verhältnismäßigkeit (Zinsbeschränkung auf 5 % pro Jahr!). Vor allem aber: Alle Ordnungen in diesen Dingen haben aus sich heraus keine Legitimation und sind den Gegebenheiten der Zeit nach den jeweiligen Erkenntnissen aus dem Wort Gottes anzupassen.

Damit lässt Zwingli sich, auch wenn er die Aufgabe der Obrigkeit betont und damit die Entwicklung von Standesgesellschaft und Obrigkeitsstaat samt Staatskirche mit auf den Weg bringt, auf keinen Fall als ein Rechtfertiger dieser Strukturen heranziehen, im Gegenteil: Er ist von den Reformatoren der einzige, der, wenngleich er sie nicht unterstützt, die Bestrebungen der deutschen Bauern für rechtens erklärt. Mit dem Tiroler Bauernführer Michael Gaismair, der sich 1525 in Zürich aufhält, hat er gute Kontakte. Für ihn ist das Ziel der Entwicklung des Staatswesens eine genossenschaftliche Ordnung mit allgemeiner Mitbestimmung unter Wahrung der rechtlichen Tradition. Die noch viel stärker als in Deutschland germanisch geprägte Rechtstradition der Schweiz ist dabei mit zu bedenken. Es ist für Zwingli aber immer Gott selber, der durch seinen Geist und durch sein Wort solche Entwicklungen in Gang setzt.

So geht von Zwingli bis heute eine gute Unruhe gegenüber verhärteten Macht- und Besitzverhältnissen aus, und nicht zu Unrecht berufen sich die Religiösen Sozialisten des 20. Jahrhunderts auf ihn.

Die innere Opposition

1525 ist das Reformationswerk in Zürich im Wesentlichen durchgeführt. In vier Jahren wird die mittelalterliche Kirche mit ihrer päpstlichen Autorität und ihrer das tägliche Leben überhöhenden Wunderverwaltung zur Gemeindekirche, die fest im bürgerlichen Leben verankert ist und es mitbestimmt. Das das ganze Mittelalter über beschworene „Corpus christianum" wird hier, in Stadt und Landschaft Zürich, erstmals zur politischen und kirchlichen Wirklichkeit.

„Durchgeführt" heißt bei der Reformation aber nicht: abgeschlossen. Noch bestehen im Inneren erhebliche

Widerstände. Einmal kommen diese aus dem Lager des Geldadels, dem mit dem Verbot des Pensionen- und Söldnerwesens und der Ablösung ihrer Gerichtshoheiten in der Landschaft die alten Lebensgrundlagen genommen sind. Diese Herren, die vorwiegend der Patrizierzunft der Konstaffel angehören, halten teilweise ihre alten Verbindungen zu den früheren Kriegskameraden in der Innerschweiz aufrecht und sorgen in Zürich in den folgenden Jahren für manche Unruhe. Gegen bösartige Spottlieder auf Zwingli und Jud schreitet der Rat ein; ein Ritt durchs Großmünster erregt Aufsehen, und nächtlich wird wiederholt Zwinglis Haus angegriffen. Mit auf der Seite dieser Herren stehen die katholisch gesonnenen Chorherren, von denen es 1525 noch 18 gibt.

Die Ratsmehrheit ist zu einem harten Vorgehen bereit. 1526 wird wegen Pensionenannahme der Ratsherr Jakob Grebel zum Tode verurteilt und enthauptet, andere werden verbannt. 1529 endlich wird auch die Konstaffel rechtlich den übrigen Zünften gleichgestellt.

Die katholische Opposition entzündet sich vor allem an der Abendmahlsfrage, wobei Zwingli die Auffassung als Gedächtnismahl nun nachdrücklich verteidigt - gegen die katholische Auffassung einiger Chorherren und des Ratsschreibers Joachim Amgrüt; in Wittenberg allerdings versteht man das als antilutherisch.

Amgrüt ist es auch, der, anlässlich einer diplomatischen Mission in Rom, Zwingli dort verklagt. Er fordert eine Disputation außerhalb Zürichs, möglichst in Rom, und tatsächlich wird Zwingli, wie zu einer Belehrung, dazu hinzitiert. Vor allem erreicht Amgrüt eine scharfe Verurteilung der Zürcher Reformation durch den Papst.

In Zürichs Entgegnung auf beides wird der Vorwurf, zur Luther-

Sekte zu gehören, mit Verwunderung quittiert und ansonsten betont, dass allein die Autorität Christi wahrer katholischer Glaube sei und man zudem seinen Untertan, Zwingli, nicht fremden Obrigkeiten ausliefere.

Zu der von Amgrüt geforderten Disputation kommt es dann, etwas anders als dieser es wollte, 1526 in Baden, und ohne Zwingli.

Die Täufer

Eine genauso große Gefahr wie von denen, die am alten festhalten wollen, droht der Zürcher Reformation vom Kreis um Konrad Grebel und Felix Manz, anfänglich gute Mitkämpfer Zwinglis, aber ungeduldige. Es sind die, die Zwingli immer wieder dort vorauseilen, wo dieser zusammen mit dem Rat bedächtiger vorgehen will. Sie lehnen schon bei der zweiten Disputation eine Autorität des Rates über die Kirchenordnung ab.

Zuerst will man dann den zögernden Rat durch Neuwahlen ablösen, meinend, die Bürger würden nur feste und treue evangelische Männer wählen. Dazu finden sie jedoch nicht das Einverständnis Zwinglis, der bei dem Plan eine zentrale Rolle spielen soll.

In einer darauf folgenden Neubesinnung, deren Ergebnis sie brieflich Thomas Müntzer mitteilen, ohne jedoch mit ihm auf einer Linie zu liegen, kommen sie 1524 zur Erkenntnis, dass die wahren gläubigen Christen immer nur eine „Gemeinde der Wenigen" bilden könnten und sich von der Menge, auch von Zwinglis „Jedermannskirche", absondern müssten. So wird aus ihren Hausbibelkreisen statt einer Ergänzung die Alternative zur Volkskirche.

Die „Gemeinde der Wenigen" verweigert die Teilnahme an

staatlicher Machtausübung und allen Gewalthandlungen. Sie ist pazifistisch, leidens- und todesbereit. In ihr sollen Taufe und Abendmahl, die bis 1525 öffentlich immer noch im katholischen Ritus gefangen sind, in apostolischer Einfachheit in den Privathäusern gehalten werden. Die Taufe soll dabei nicht mehr an Kindern, sondern nur an gläubig gewordenen Erwachsenen vollzogen werden, denn alleine der Glaube ist Grundlage der Gemeinde.

Das alles wird biblizistisch begründet, verbunden mit dem Vorwurf an Zwingli, er sei seinem eigenen Prinzip nicht treu.

Ernsthaft unternommene Versuche, diese Fragen im Gespräch mit den Reformatoren zu klären, scheitern schnell. Darauf trennt sich Zwingli in seiner Schrift „Wer Ursache gebe zu Aufruhr" von seinen einstigen Anhängern, mit denen er offenbar, wie Oskar Farner feststellt (Bd. IV, S. 162 ff.), früher offen und kritisch über die Kindertaufe diskutiert hat: Sie ist auch für Zwingli nicht unbedingt im Neuen Testament geboten, „aber wenn man die Weise der Taufe prüft, findet man, dass sie den Kindern ziemt". Sie ist Zeichen der Zugehörigkeit zum Gottesvolk wie die Beschneidung im Alten Testament und darf nicht, wie im täuferischen Verständnis, als Glaubenstaufe der Absonderung einer Gruppe dienen. (Dieses Verständnis der Taufe geht aus ihrem Brief an Müntzer hervor.)

Für Januar 1525 wird ein Gespräch über die Taufe vor dem Rat anberaumt, wobei die Kindertaufgegner schon in der Einladung „Verirrte" genannt werden. Entsprechend kommt es heraus: der Rat besteht auf der Verpflichtung zur Kindertaufe in den acht ersten Lebenstagen, wie es überall üblich ist. Das ist für ihn die Grundlage der Volkskirche und gerade in diesem wichtigen Jahr 1525 unaufgebbar. Die Gegner der Kindertaufe erhalten Rede- und Versammlungsverbot bzw. werden ausgewiesen.

In der Folge kommt es zu demonstrativen Übertretungen dieser Verbote und entsprechenden staatlichen Eingriffen. Dennoch breitet sich das Täufertum in der Landschaft und allenthalben in der Schweiz, in Süddeutschland und Österreich aus, wenn auch meist nur kurzlebig. In diesen Gemeinden schart man sich nicht um die ganze Heilige Schrift, sondern nur um das biblizistisch ausgelegte Neue Testament und das einfache Abendmahl der Bekehrten und Wiedergetauften. Örtlich kommen auch Versuche mit einer urchristlich begründeten Gütergemeinschaft vor.

Lediglich die Missionare dieser Bewegung gehen offensiv an die Öffentlichkeit und ziehen immer empfindlichere Strafen der Behörden auf sich.

In den reformierten Gebieten geht man zwar milder mit den Täufern um als in Deutschland und Österreich. Aber 1527 kommt es auch in Zürich zu einem Todesurteil: Felix Manz, wiederholt verhaftet und vermahnt, hatte auf Unterlassung seiner Missionstätigkeit Urfehde geleistet und sie gebrochen. So wird das angedrohte Urteil, Tod durch Ertränken, unter großer betroffener Anteilnahme und Bewunderung für seine gezeigte Glaubensfestigkeit vollzogen. Im Zürcher Gebiet folgen bis 1532 noch vier solcher Hinrichtungen an Täufermissionaren, entsprechend Absprachen mit den anderen reformierten Gebieten. Es ist zutiefst bedauerlich, dass die Zürcher Räte keinen anderen Weg sahen.

Eine generelle Verfolgung der einfachen Gemeindeglieder der Täufer kommt in Zürich nicht vor, doch ziehen viele Taufgesinnte es vor auszuwandern, besonders nach Böhmen und Nordwestdeutschland, von dort aus später nach Nordamerika.

Zwingli beurteilt die Täufer als solche, die vom gemeinsamen Ursprung her auf einen falschen Weg geraten sind. Dabei ist ihm nicht die Taufe wichtig; sie ist nur ein äußeres Zeichen. Aber die

Täufer verfallen für ihn mit ihrer Überbetonung der Taufe einer Art von Werkgerechtigkeit und haben das Evangelium vom allein rettenden Christus nicht verstanden. Wichtiger ist für Zwingli, dass die Täufer ihre „reine" Gemeinde von der Kirche abtrennen wollen. Damit machen sie ihre Gemeinschaft zum gesetzlichen Heilsinstrument und öffnen, da das auch Rückzug aus aller öffentlichen Verantwortung bedeutet, den Weg für eine heillose Unordnung.

Diese anarchistische Staatsfeindlichkeit - Felix Manz sagt: „Die Taufe schafft letztlich die Obrigkeit ab" – kennzeichnet zwar die Zürcher Anfänge, nicht aber die spätere Geschichte der Täuferbewegung, in der sie sich zu einer Art reformierter Freikirchlichkeit entwickelt und in vielem den Gedanken Zwinglis treuer bleibt als die reformierten Volkskirchen.

Die Zürcher Synode

Nicht nur die Opposition gefährdet das junge Reformationswerk. Eine große Gefahr steckt auch in der Unfähigkeit von Pfarrern, die nun den reformiert gewordenen Gemeinden dienen sollen. Besonders auf dem Land, wo es keine Institution wie die Prophezei gibt, fehlt es vielfach an Ausbildung und oft auch an Motivation; das alte Leben mit den fast selbstverständlichen sittlichen Verfehlungen des Klerus verwandelt sich nicht automatisch in ein neues, evangeliumsgemäßes, nur weil die Obrigkeit in Zürich ein Dekret erlässt. Eher verunsichert sie damit die Pfarrer.

Um diesem Notstand abzuhelfen, aber auch um die ihm nun zugefallene Kirchenaufsicht wahrzunehmen, belebt der Rat eine im Mittelalter aus der Praxis geratene Institution neu: die Synode. Alle Pfarrer aus Stadt und Land sowie je ein oder zwei Gemeindevertreter und acht Ratsmitglieder bilden sie. Dabei bleiben die Pfarrer in der Minderheit. Die Synode tritt zweimal im Jahr zusammen, das erste Mal am 21. April 1528.

Am Anfang steht die Verpflichtung der Pfarrer, das Evangelium nach der Heiligen Schrift zu lehren und sich nach den Mandaten der Zürcher Räte zu richten, der „Prädikanteneid".

Der wichtigste Verhandlungsgegenstand ist dann die Zensur der Pfarrer und Gemeinden: Aus jeder Gemeinde wird mitgeteilt, was im argen liegt, auch betreffs Predigt und Leben der Pfarrer (der jeweils Behandelte verlässt den Saal), und diese Probleme werden dann allgemein, auch mit den Betroffenen, erörtert. Dieses Synodalverfahren ersetzt für Jahrhunderte die „Visitation". So wird die gemeinsame Verantwortung aller Gemeinden der Landeskirche füreinander deutlich und, wie sich zeigt, positiv wirksam.

Daneben bespricht die Synode auch andere Fragen verschiedener Art; eine gesetzgebende Funktion hat sie jedoch nicht.

Die Isolierung Zürichs und die Badener Disputation

Schon vor Beginn der Reformation ist ein besonders enges Zusammengehörigkeitsgefühl der Kantone der ursprünglichen Eidgenossenschaft von 1291, Uri, Schwyz und Unterwalden, mit Luzern und Zug zu beobachten. Sie halten auch besondere Tagsatzungen ohne die übrigen Eidgenossen. Dabei einigen sie sich sehr schnell und früh auf die gemeinsame Verhinderung der Reformation und die Verfolgung der aufkommenden neuen Lehren.

Isoliert sich Zürich schon 1522 durch die Verweigerung des Bündnisses mit Frankreich, so mit der Durchführung der Reformation noch viel mehr. Die Innerschweizer empfinden sie als Bedrohung der inneren Machtverhältnisse in ihren Gebieten und fordern wiederholt das Abstellen der kritischen Predigten und aller „lutherischen und erschwinglichen Ketzerei", die nun auch in die gemeinsamen Untertanengebiete viel Unruhe bringt. Durch Zürich ermutigt, kommt es an manchen Orten zum Bildersturm und zur Zinsverweigerung und das Pensionenwesen gerät stark in Kritik.

Zwingli versucht mehrfach in Druckschriften an die Eidgenossenschaft oder einzelne Gemeinden für Einigkeit, freie Predigt und ein Pensionenverbot zu werben, zuletzt anonym, doch immer vergebens.

Besonders der Sturm der Bauern auf das Kloster Ittingen erregt die Gemüter, und Zürich sieht sich genötigt, einige Beteiligte der Tagsatzung auszuliefern.

Die Städte Bern, Basel und Schaffhausen sowie die „zugewandten“, nämlich durch Sonderverträge mit der Eidgenossenschaft verbundenen Orte St. Gallen, Solothurn und Biel versuchen zu vermitteln. Keiner von diesen Orten führt zwar vor 1527 die Reformation durch, sie gestatten jedoch die evangelische Predigt. Nicht so Fribourg und das Wallis, was diese auch enger an die Innerschweiz bindet. So steht Zürich noch allein, als es 1526 auf Betreiben der Innerschweizer, unterstützt von Rom und besonders dem gewandten, hoch intelligenten Gegenspieler Luthers, Johannes Eck aus Ingolstadt, zu einer Disputation der Tagsatzung in Baden kommt.

Aus Sicherheitsgründen kann Zwingli selbst nicht teilnehmen; das freie Geleit gilt bei Ketzern nichts. Hauptvertreter der reformierten Seite sind deshalb Johannes Oekolampad aus Basel und Berchtold Haller aus Bern, die beiden Reformatoren ihrer Städte.

Eck versucht anhand der unterschiedlichen Auffassungen vom Abendmahl der beiden dem Schriftprinzip verpflichteten

Reformatoren Luther und Zwingli zu belegen, dass die Bibel nicht eindeutig sei und deshalb der Interpretation durch die kirchliche Autorität bedürfe, die er zugleich vertritt.

Unter die Zwingli verurteilende Schlusserklärung verweigern Bern, Basel und Schaffhausen die Unterschrift; für Zürich stellt sich die Frage der Unterschrift nicht, da es von vornherein gegen die Veranstaltung protestiert hat. Das Ergebnis ist eine Verfestigung des Katholizismus in den fünf innerschweizerischen Kantonen, in Fribourg, Solothurn, und vorerst auch noch Glarus und Appenzell und damit eine Vertiefung der Spaltung innerhalb der Eidgenossenschaft. In den nichtunterzeichnenden Kantonen aber wird die Neigung zur Reformation verstärkt. (Die nicht erwähnten Gebiete der heutigen Schweiz sind damals nur zugewandte Verbündete oder Untertanenländer und deshalb, wie das der Reformation sehr nahestehende St. Gallen, nicht um ihre Meinung befragt.)

Unblutiger Krieg

Ein Blick auf die Landkarte zeigt die für die katholischen Orte bedrohliche Situation: Sie sind eingeschlossen zwischen dem nun überall zur Reformation fortschreitenden Unterland und dem Alpenhauptkamm (Berns Gebiete reichen bis zum Genfer See). Bedroht fühlen sich aber auch die Reformierten, da sie die katholischen Miteidgenossen mit gutem Grund für verbündet mit Kaiser und Papst halten. Auch Zwingli erkennt, dass eine Entscheidung, und zwar mit Waffen, unvermeidlich wird. So unterstützt er die Kriegsvorbereitungen des Rates, die neben der Waffenbeschaffung auch eine Armeereform hin zur bürgerlichen Milizstruktur statt der herkömmlichen Söldnerhaufen beinhalten.

Wichtigster Teil der Kriegsvorbereitungen aber ist eine Bündnispolitik, die schnell den schweizerischen Rahmen sprengt.

Ein Burgrecht mit süddeutschen Reichsstädten (vor allem Straßburg und Konstanz), eine Verbindung mit Graubünden (Abschirmung Osterreichs), Absprachen mit dem Herzog von Mailand (Abschirmung von Süden her) und auch mit den Tiroler Freiheitskämpfern und die Einbeziehung Frankreichs als Vermittler werden angestrebt.

Mit der offenen Entscheidung Berns zur Reformation scheint der Zeitpunkt gekommen, wo der Kampf für die Reformierten aussichtsreich wird - wenn nicht so lange gewartet wird, bis ein umfassenderes Bündnis der Gegenmächte zustande kommt und damit eine unabsehbare Ausweitung des absehbaren Krieges und ein Ende der Eidgenossenschaft.

Die Nervosität auf beiden Seiten schafft den Kriegsanlass. Es geht um die Besetzung einer Vogtsstelle in Baden, die in letzter Minute gestoppt wird; aber der Krieg ist nicht mehr zu stoppen. Die Truppen Berns und Zürichs marschieren. Dabei wird erklärt, es gehe nur um die Pensionenfrage; Leib und Gut der Miteidgenossen wolle man möglichst unbeschädigt lassen.

Sie bleiben auch unbeschädigt. Der Krieg bricht zwar an breiter Front so weit aus, dass sich 30 000 Mann der reformierten und etwa 9 000 der katholischen Orte gegenüberstehen. Doch der Angriff der Übermacht auf Zuger Gebiet wird im letzten Moment abgeblasen: Eine Vermittlungsaktion bringt zwei Stunden Aufschub, aus denen dann zwei Wochen werden. Man redet miteinander in den Regierungen und in den Militärlagern; zwischen den Soldaten beider Seiten kommt es zu Verbrüderungen. Bekannt ist die Geschichte von der Kappeler Milchsuppe: den Zürchern fehlt die Milchsuppe, den Innerschweizern das Brot zum Hineinbrocken. So stellt man einen Topf innerschweizer Milchsuppe auf die Grenzlinie, brockt Brot aus Zürich hinein und löffelt alles gemeinsam aus.

Es ist keine Kampfeslust da - und es ist Zeit zum Heuen. Die Politiker, besonders Berns, wollen einen Verhandlungsfrieden. Zwingli ist in dieser Zeit ein einsamer Mahner: Wenn es jetzt nicht zur Entscheidung und zur Durchsetzung der evangelischen Forderungen nach einem allgemeinen Pensionenverbot und freier Predigt in der ganzen Schweiz kommt, wird der Konflikt bald wieder aufbrechen und zwar mit einer erstarkten katholischen Seite. In diesem Sinn ermahnt er aus dem Feldlager heraus in einem Brief die Zürcher Obrigkeit: „Tut um Gottes Willen etwas Tapferes", nämlich verhandelt hart um die freie Predigt im ganzen Land.

Der Friedensschluss beinhaltet dann die Freigabe der evangelischen Predigt in den gemeinsamen Herrschaftsgebieten und das Recht der Gemeinden dort, die Konfession des Dorfes selbst zu bestimmen, nicht aber in den alten Orten. Und das Bündnis der Innerschweizer mit Osterreich muss aufgekündigt werden.

Zwinglis Befürchtungen für die Zukunft schlagen sich nieder in seinem bekanntesten Lied (EG 242 / Evangelisches Gesangbuch der Schweiz 792):

„ H e r r, nun selbst den Wagen halt,

bald abseits geht sonst die Fahrt,

das brächt Freud dem Widerpart,

der Dich veracht' so freventlich."

„G o t t, erhöh Deins Namens Ehr,

wehr und straf der Bösen Grimm,

weck die Schaf mit Deiner Stimm,

die dich liebhaben inniglich."

„ H i I f, dass alle Bitterkeit

scheid', o Herr, und alte Treu

wiederkehr und werde neu,
dass wir ewig lobsingen Dir."

Ausbreitung der Reformation

Die Jahre kurz vor und nach diesem unblutigen Krieg bringen der Reformation in der Schweiz großen Zuwachs. Das beginnt 1527 mit St. Gallen unter seinem Bürgermeister Joachim Vadian. Der große Durchbruch kommt mit Bern, das sich nach einer großen, dreiwöchigen Disputation, an der auch Zwingli teilnimmt, zur Reformation entschließt. Es folgen bis 1529 Glarus, Basel, Schaffhausen, Biel, Appenzell, Mulhouse (Elsass), Grafschaft Baden (an der Limmat), bis 1530 Thurgau, das heute St.Gallische Rheintal, Zwinglis Toggenburger Heimat und Murten; etwas später folgen die meisten Talschaften Graubündens. Eine eigene Entwicklung hat die Reformation im französischsprachigen Teil der Schweiz, wo ab 1528 in bernischem Auftrag der Reformator Guillaume Farel wirkt, der dann 1536 Johannes Calvin nach Genf holen wird. Durch Farels Einfluss und Vermittlung schließen sich 1532 auch die Waldenser im italienischen Piemont der schweizerischen Reformation an.

Ebenso eine eigene Entwicklung, allerdings in stärkerer Verbindung zu Zürich, erlebt Straßburg, das endgültig 1529 reformiert wird.

In den allermeisten süddeutschen Reichsstädten, die zuerst der Zürcher Reformation zuneigen, wird die Kirche nach dem Schmalkaldischen Krieg 1546 und dem Religionsfrieden von 1555 lutheranisiert, um rechtlich durch das Toleranzinterim gedeckt zu sein. Offizielles Kriterium ist dabei die Abendmahlslehre.

Die große, schließlich weltweite Ausbreitung der schweizerischen Reformation, so nach Frankreich, den Niederlanden, Schottland und Ungarn, nimmt ihren Lauf erst später von Genf aus, ist aber vielfach schon in den zwanziger Jahren von Zürich aus vorbereitet.

Insbesondere in Ostfriesland sind Zwinglis Einflüsse spürbar, einmal über die Schüler des Niederländers Cornelius Hoen im Bekenntnis der ostfriesischen Prädikanten von 1528, zum anderen über Johannes a Lasco, der 1525 in Zürich von Zwingli auf die Bibel als alleinige Grundlage gewiesen wird und auch später gegen seinen Freund Calvin an der Abendmahls- wie Erwählungslehre Zwinglis festhält. Er ist es auch, der in Emden, London und Frankfurt die Prophezei nach Zürcher Vorbild einführt. Weniger personenbezogen sind, außer bei den Schülern Hoens, die Einflüsse Zwinglis in den Niederlanden auszumachen. In England begegnen sie vor allem in Verhörprotokollen von Glaubensprozessen, aber auch in den Psalmen des Common Prayer Book, die auf Zwinglis lateinische Psalmenübersetzung zurückgehen. In Böhmen, bei den Böhmischen Brüdern, zeigt sich Zwinglis Einfluss vor allem im Gesangbuch des Michael Weisse; für Wittenberger Nachdrucke verändert Luther später die Liedertexte, die von den Sakramenten handeln.

Die Lehre vom Abendmahl

In Zürich etabliert sich die Reformation in den Jahren nach dem ersten, unblutigen Kappeler Krieg. 1528 werden die Nichtreformierten aus den Räten entfernt; 1529 wird das Verbot des Reislaufens bekräftigt; 1530 wird der regelmäßige, allgemeine Gottesdienstbesuch angeordnet und die Aufsicht über das sittliche Leben ausgedehnt auf das Gebiet von Handel und Gewerbe.

Zwingli ist dabei vieles in einem: Prediger und Seelsorger vor allem, Schriftsteller immer nur aus aktuellem Anlass, wo er sich gerade gefordert sieht, und Ratgeber der regierenden Räte, nicht nur in kirchenpolitischen, sondern auch in militärischen Fragen, wobei der frühere Feldprediger der Glarner eine profunde Sachkenntnis und strategische Begabung beweist.

Das Thema aber, das ihn am allermeisten beschäftigt, ist das Abendmahl.

Auf den entscheidenden Schritt zu seinem lange gesuchten richtigen Verständnis bringt ihn 1524 ein Gedanke des Niederländers Cornelius Hoen, mit dem dieser zwei seiner Schüler auf die Reise geschickt hatte. In Wittenberg sind sie damit ab-, in Basel nach Zürich weiter gewiesen worden: Hoen stellt fest, dass das „est" (ist) in den Abendmahlsworten im Sinne von „significat" (bezeichnet) gemeint ist. Dazu kommt der Gedanke an „Passa", und zwar, wie Zwingli mitteilt, in einer nächtlichen, geträumten Eingebung: In der Passanacht vor dem Auszug aus Ägypten werden die Israeliten, die das Zeichen des Blutes an ihre Türen gestrichen haben, bei Gottes Strafaktion „übergangen" (lateinischer Wortstamm: passa). Weshalb soll das beim Abendmahl nicht auch so verstanden werden, ist es doch Christi Passafeier? Dann ist unser Abendmahl das Zeichen, in den wir die Freiheit von göttlicher Strafe erfahren.

In einem Brief nach Reutlingen, der allerdings schon zur Auseinandersetzung mit Luther in dieser Frage gehört, legt Zwingli 1524 seine Abendmahlslehre in sechs Punkten dar. Danach ist das Abendmahl

1. Glaubenssache

2. als versicherndes Zeichen gemeint (Zwingli beruft sich dazu auf Kirchenväter und biblische Parallelen),

3. zugleich Gedenken, Gemeinschaft und Bekenntnis, nicht aber Pfand unseres Heils; das ist nur Christus selber,

4. eine Art Eid (wie Zwingli „Sakrament" gerne erklärt),

5. nichts, was das einmalige Opfer Christi am Kreuz zu ergänzen oder gar zu wiederholen hat,

6. etwas, das mit der Gottheit und nicht mit der Leiblichkeit Christi zu tun hat.

Im kurz darauf entstandenen „Kommentar über richtige und falsche Religion" betont Zwingli zu den Sakramenten, dass in keiner Handlung unsererseits der Heilige Geist gebunden sein kann. Damit sind unsere Sakramente allenfalls öffentliche Bekundungen dessen, wessen die Gemeinde sich bewusst geworden ist. Sie sind Bundesfeiern, nicht Bundesschlüsse.

In einer Nachschrift erklärt Zwingli, dass Christi Leib zur Rechten Gottes im Himmel sei und deshalb nicht in Brot und Wein bei uns sein könne. Das Heil kommt nicht aus Glaubensanstrengungen oder gar Vermutungen, sondern das Vertrauen erfasst nur das von Gott allein kommende Heil. Auch das Abendmahl zeigt uns nur diesen Weg.

Der Streit mit Luther

Martin Luthers Argwohn gegen Zwingli wird zuerst durch die Nähe seines Abendmahlsverständnisses zu dem von Andreas Bodenstein Karlstadt erregt. Karlstadt war ursprünglich Schüler Luthers, hatte sich aber mit ihm überworfen. Die weitgehende Übereinstimmung Zwinglis und Karlstadts in dieser Frage bestätigt der Basler Oekolampad, der beide kennt. Eine Klärung zwischen beiden verhindern allerdings Karlstadts Zürcher Anhänger, die Täufer: Sie halten Karlstadt bei seinem Besuch in Zürich 1524 von Zwingli fern.

Luther leitet Karlstadts Abendmahlslehre aus dessen Mystik ab, die er, wie auch seinen geistlichen (Luther: gesetzlichen) Eifer für falsche Werkgerechtigkeit hält. So sieht Luther, wenigstens bis zum Marburger Religionsgespräch, auch Zwingli und misstraut vor allem seiner Rechtfertigungslehre, wie er sich schon 1524 mehrfach äußert. Dabei warnt er öffentlich vor Zwingli und Oekolampad, was übrigens auch dazu führt, dass der junge Calvin deren Schriften aus der Hand legt. Erst unter Farels Einfluss in Genf nimmt er sie wieder auf.

Zwinglis Mitdenker und Mitstreiter für das Abendmahl ist vor allem Oekolampad. Sein Beitrag ist die Untersuchung der Schriften der Kirchenväter, die auch keine Begründung für Luthers These von einer Wandlung des Brotes und Weines in Leib und Blut Christi durch gläubigen Genuss liefern.

Der zuerst nur literarisch geführte Streit erregt, als Oekolampad mit Abendmahlsfeiern wie in Zürich beginnt, ganz Basel, dann auch Straßburg und die Pfalz.

Das ruft nun Luther selber auf den Plan, nachdem bis dahin andere, vor allem sein Schüler Bugenhagen, für ihn gestritten haben. Luthers Antwort ist so knapp wie hart: Die Lehren aller seiner Kontrahenten, auch Oekolampads und Zwinglis, seien „vom Teufel eingegeben". Ihre Auslegung des für die Abendmahlslehre zentralen Bibelwortes Johannes 6 (Bildrede vom Brot) sei Satanskunst. So bricht Luther schon hier alle Brücken ab.

Zugleich scheidet auch der geistige Ziehvater vieler Reformatoren beider Gruppierungen aus der Diskussion aus: Erasmus von Rotterdam verwahrt sich dagegen, als ein Zeuge der Reformation in diese Frage herangezogen zu werden. Nie und nimmer hätte er dafür Anlass gegeben. Leo Jud aber weist ihm nach, dass er sich in der Sache widerspruchslos von Zwingli habe zitieren lassen. Damit fällt er auch für Lutheraner und Katholiken als Zeuge aus. Seine Haltung, letzte Glaubensfragen als Privatsache verbergen zu wollen, gar sich selber einen anderen Glauben zuzugestehen als dem ungebildeten Volk, schließt ihn in dieser bewegten Zeit aus der Diskussion aus. Es gibt hier keine Neutralität, sondern klares Bekenntnis ist gefordert.

Die Auseinandersetzung um das Abendmahl bringt etwa vierzig Streitschriften beider Seiten hervor. Dass dabei zum Teil auch andere Fragen, wie die Stellung Luthers zur Niederschlagung des Bauernkrieges, mit behandelt werden, erleichtert die Schlichtung nicht. Vermittlungsversuche wie die des Straßburgers Bucer sind zwecklos.

Das Marburger Religionsgespräch

Schon 1524 hatte Oekolampad vorgeschlagen, den Streit um das Abendmahl in einem offenen Glaubensgespräch auszutragen. Als es aber 1529 auf Verlangen des hessischen Landgrafen Philipp stattfindet, der durch eine Einigung auch die politische und militärische Bündnisfähigkeit beider Seiten erreichen will, ist es viel zu spät.

Der Landgraf will vor allem die Verurteilung der Anhänger Zwinglis durch den Speyerer Reichstag von 1529 rückgängig machen. Dazu bringt er dort zusammen mit fünf weiteren Fürsten und 14 süddeutschen Reichsstädten eine „Protestation" ein. Doch außer dem Namen „Protestanten" bringt sie den Evangelischen nichts, vor allem, weil Kursachsen, das Land Luthers, nicht dazu steht. Das will Philipp mit dem Marburger Gespräch bereinigen. Die eingeladenen Lutheraner kommen unwillig, Zwingli mit seiner Begleitung hoffnungsvoll.

Luther und Melanchthon können dem Gedanken an eine Einigungsformel mit den von ihnen als Schwärmer verketzerten Schweizern nicht nähertreten. Für den kaisertreuen Melanchthon kommt zudem die vom Landgrafen gewollte politische Vereinigung mit diesen Reichsabtrünnigen nicht in Frage, für

Luther sowieso keine Verbindung von Politik und Glauben.

Die Gespräche finden in kleinem und mittelgroßem Rahmen statt, und zwar, soweit der Landgraf dabei ist, auf deutsch, was Luther, der mit dem alemannischen Tonfall der Schweizer Schwierigkeiten hat, zusätzlich ärgert.

In den Gesprächen gibt es eine Reihe von Vermittlungsversuchen in der zentralen Frage, nämlich der nach der leiblichen oder geistigen Gegenwart Christi im Abendmahl. Doch ist schnell deutlich, dass man mit all diesen Versuchen dem Landgrafen eine Einigung nur vorspielen würde, um dann nach der Abreise über die Interpretation der Formel genauso zu streiten wie vorher über die Sache.

Unter dem persönlichen Druck des Landgrafen auf Luther kommt es schließlich zur Abfassung von 15 Artikeln, in denen alle Gemeinsamkeiten der Reformation da und dort deutlich aufgeführt werden. Sie betreffen teilweise auch die Abendmahlslehre. Die Schweizer ergänzen diese Vorlage Luthers nur noch durch eine Erweiterung über den Heiligen Geist. Im 15. dieser Artikel aber werden auch die Gegensätze angeführt, die bestehen bleiben; die vom Landgrafen geforderte Verpflichtung, darüber in „christlicher Liebe" zu bleiben, wird von Luther durch die Gewissensklausel eingeschränkt. Erhalten ist im Staatsarchiv in Zürich die Zürcher Abschrift dieser Artikel mit Zwinglis lateinischen Anmerkungen (hier übersetzt und kursiv wiedergegeben).

Der 15. Artikel lautet da: *Dazu am Rande, aus dem Lateinischen*

Von Sacrament des lybs und bluts Christi.

Zum fünfftzehnenden.

„Nachtmal" so sagen wir, die Unterländer reden vom „Sacrament des altars"

66

Gloubend und haltend wir alle vonn dem Nachtmal unsers lieben Herren Jesu Christi, das man bede gestalt nach ynsetzung Christi bruchen sol. Das ouch die Mässe nit ein werck ist, damit einer dem andern, tod oder läbendig, gnad erlangt. Das ouch das Sacrament deß Altars sye ein Sacrament deß waren lybs und bluts Jesu Christi unnd die geystliche nießung desselbigen lybs unnd bluts einem yeden Christen fürnemlich von nötten.

das Sakrament ist ein Zeichen des wahren Leibes etc., es ist also nicht der wahre Leib

die geistliche Nießung ist Hauptsache. Darin stimmen wir überein. Der Kernpunkt der Religion ist also gerettet.

Desglychen der bruch des Sacraments, wie das Wort von Gott dem Allmächtigen gegeben und geordnet sye, damit die schwachen gewüssen zu glouben zu bewegen durch den heyligen Geist. Und wiewohl aber wir uns, ob der war lyb unnd blut Christi lyplich im Brot unnd wyn sye, diser zyt nit verglichen habend, so sol doch ein teyl gegen dem andern Christliche lieb, so vern (soweit) yedes gewüssen ymmer lyden

das heißt, wie Christus mit seinen Worten es einrichtete; hier mahnt die fromme Betrachtung, dass wir die Worte Christi nicht verachten wollen, vielmehr sie gebrauchen, wie wir sie bisher gebraucht haben, und dann auch den Tod des Herrn verkündigen

nämlich durch das Wort von der Passion des Herrn. Denn das wird deshalb gepredigt, damit wir wissen, dass Gott uns gnädig

67

kann, erzeigen, unnd bedeteyl Gott den Allmächtigen flyßig bitten, daß er unns durch synen geyst den rechten verstand bestätigen wölle. Amen.

sei, da er seinen Sohn für uns in den Tod gab. Aber der Heilige Geist allein erleuchtet die Herzen und rechtfertigt durch den Glauben. Deshalb sind wir stets darauf bedacht gewesen, eine klare Erläuterung beizufügen, dass der Glaube von Gott allein stammt. Es ist also der Sinn dieser Stelle, der Brauch dieses Sakramentes müsse so gehalten werden, wie Christus es eingesetzt hat; er setzte es aber ein, damit wir eingedenk wären, d. h. seinen Tod verkündigten d. h. danksagten und lobten und priesen deshalb, weil er für uns gekreuzigt und gestorben ist. Es ist schon notwendig, dass der Tod des Herren auch durch das äußere Wort verkündigt werde; diese Predigt erfolgt zu dem Zwecke, dass ein Teil gestärkt, ein anderer im Glauben unterrichtet werde. Aber das alles wird nicht durch unser Wort, mag es auch Mittel sein, sondern durch göttliches Wirken in den Herzen der Menschen vollbracht.

Zum Abschluss des Gespräches nimmt der Landgraf beiden Seiten das Versprechen ab, zukünftig auf gegenseitige Polemik zu verzichten. Sein Ziel, das er mit dem Gespräch erreichen will, erreicht er nicht, nämlich die Bereitschaft der Lutheraner, mit den Reformierten ein politisches und militärisches Bündnis einzugehen. Die umgekehrte Bereitschaft des Reformierten stand schon vorher, unabhängig von der Abendmahlsfrage, fest.

Für Zürich und Wittenberg bringt das Gespräch eine Ruhepause, bis 1544 Luther den Streit von neuem entfacht. In der Schweiz gibt man die Hoffnung nicht auf. Glaubt man auch nicht an eine baldige Einigung, so erhofft man doch wenigstens ein freundschaftliches Zusammenleben unter Ausklammerung der Abendmahlsfrage. In diesem Sinne unterstützt man von hier aus auch die vier deutschen Reichsstädte Straßburg, Konstanz, Lindau und Memmingen, denen auf dem Augsburger Reichstag 1530 nicht erlaubt wird, das Augsburger Bekenntnis mit zu unterschreiben. Sie legen ein eigenes Kompromissbekenntnis, die „confessio tretrapolitana" vor, die Zwinglis Zustimmung nicht findet und den späteren, politisch bedingten Prozess der Lutheranisierung Süddeutschlands sehr erleichtert. Zwingli verfasst dagegen ein eigenes, persönliches Bekenntnis (fidei ratio= Glaubensrechenschaft) und kurz darauf eine scharfe, antilutherische Schrift über die Vorsehung Gottes.

Europäische Bündnispolitik

Zwei Jahre nach dem Marburger Religionsgespräch trifft ein schwerer Schlag die schweizerische Reformation, und die konfessionelle Aufspaltung der Schweiz wird bis heute festgeschrieben. Es ist der zweite, nun blutige Kappeler Krieg, in dem Zwingli als einfacher Milizsoldat fällt.

Damit erfüllt sich für Zwingli zweierlei: die Ahnung, die er seit dem Pesterlebnis von 1519 hat, er werde einmal für das Gotteswort blutig sein Leben lassen müssen, und dann seine Befürchtung, nach dem unblutigen ersten Kappeler Krieg mit der nur aufgeschobenen Entscheidung für die Reformation werde es nur noch schlimmer kommen.

Seit 1530 bemüht sich der hessische Landgraf um ein europaweites Bündnis gegen das katholische Habsburg. Selber ist er dabei das Bindeglied zwischen den lutherischen Fürsten und den Reformierten. Doch gelingt es nicht, Bern, das gerade in Frankreich militärisch für Genf engagiert ist, mit in dieses Bündnis zu ziehen; zudem steht man in Bern auf dem Standpunkt, die Reformationsfrage sei eine innerschweizerische Angelegenheit und deshalb auch innerschweizerisch zu behandeln. Doch ist die Schweiz kein isolierter Teil in Europa; auch die Umstände außerhalb der Landesgrenzen bestimmen innere Entwicklungen mit.

Das Erstarken der Reformation in den gemeinsamen Herrschaftsgebieten ist längerfristig nur gesichert, wenn der reformierte Teil der Schweiz nicht ganz katholisch eingekreist ist. Unter anderem deshalb versucht in diesen Jahren Zürich seine Stellung in der Ostschweiz auszubauen.

Zwingli, der auch am Zustandekommen der neuen Bündnisse großen Anteil hat, hat dabei schon eine neue Schweiz im Blick. Die alten eidgenössischen Bünde sind ihm zwar sehr wichtig, dort aber, wo sie das Gotteswort behindern, rufen sie Gottes Zorn auf das ganze Land herab und müssen geändert werden. Eine Änderung kann aber erst dann erfolgen, wenn Habsburg und der Papst einen weniger starken Einfluss in der Schweiz haben. Und dazu bedarf es der Unterstützung durch andere Mächte.

Deshalb unterstützt Zwingli den Plan des hessischen Landgrafen für eine Koalition aller antihabsburgischen Kräfte Europas. Er selber verhandelt, sicher mit Wissen und im Auftrag seiner Räte, mit der Republik Venedig und mit dem Herzog von Mailand; das Ergebnis dieser schriftlichen Verhandlungen bleibt aber unverbindlich. Mehr Erfolg deutet sich mit Frankreich an: Der französische Unterhändler auf der Tagsatzung tritt offen für die freie Predigt auch in der Innerschweiz ein, und der Entwurf eines Bündnisvertrages mit Zürich entsteht. Zwingli rechnet fest mit dem Erfolg der Reformation in Frankreich. König Franz 1. widmet er auch seine letzte Schrift, „Professio fidei" (Darlegung des Glaubens), in der er noch einmal klar und deutlich seine Theologie zusammenfasst. Die Schrift erreicht den König an Zwinglis Todestag.

Die Entwicklung zum Krieg

In der Schweiz spitzt sich die Lage schneller zu als erwartet. Im März 1531 überfällt Giacomo di Medici, Kastellan in Musso am Comer See, mit seinen Truppen das Graubündner Untertanengebiet Veltlin. Die reformierten Eidgenossen leisten den Graubündnern Truppenhilfe, bis sich der Mailänder Herzog der Sache annimmt.

In Zürich bewertet man diesen sogenannten. „Müsser-Krieg" als ein habsburgisches Ablenkungsmanöver (zu Unrecht, wie man heute weiß), das den allgemeinen Angriff auf die Reformation einleiten könnte. Zudem erfährt man wieder von verstärkten Kontakten der Innerschweizer zum Kaiser und beobachtet, dass man sich dort rüstet. Doch ist der Kaiser erst einmal mit den immer näher heranrückenden Türken beschäftigt und empfindet seine Position in Oberitalien als zu schwach, um jetzt schon gegen die Reformierten loszuschlagen - so gerne er es wohl will.

Diese Schwäche wird in Zürich nicht erkannt. Stattdessen befürworten die Zürcher einen schnellen militärischen Schlag gegen die Innerschweiz, um größeren Gefahren zuvorzukommen. Das aber lehnen die verbündeten Städte aus unterschiedlichen Gründen ab. Stattdessen verhängen sie, gegen Zwinglis Protest und Zürichs Warnung, eine Lebensmittelsperre. Die trifft aber erfahrungsgemäß weniger die Verantwortlichen als die, für die man eigentlich den Kampf ausfechten will: den einfachen Mann und die einfache Frau im Volk.

Im Sommer 1531 stimmen nachträglich auch die Zürcher Räte dieser Maßnahme zu.

Dagegen protestiert Zwingli mit der letzten Konsequenz: Am 26. Juli tritt er von allen seinen Ämtern zurück. Doch bleibt er nicht konsequent; dem heftigen Drängen von Bürgern und Räten gibt er nach und behält sein Amt als Antistes und Vertreter der

Zürcher Pfarrer bei den Räten. Was will er eigentlich, der doch so oft der zügellosen Kriegshetze bezichtigt wird? Es existiert von ihm ein handschriftliches Gesprächsprotokoll vom August 1531, in dem erwogen wird, die Innerschweizer durch militärische Drohung zum Verzicht auf ihre Rechte in den deutschsprachigen gemeinsamen Herrschaftsgebieten zu zwingen. Dann könnten Zürich und Bern dort die Reformation festigen und würden zugleich die Vorherrschaft in der Eidgenossenschaft erringen. Einen Angriffskrieg zur Durchsetzung aller seiner Forderungen in den innerschweizerischen Kantonen selbst oder gar eine Aufkündigung der alten Bünde lehnt Zwingli in diesem Papier deutlich ab: ihm geht es darum, der Reformation den Raum zu geben, in dem sie von selber wachsen müsste.

Der Kampf - Zwinglis Tod

Durch die Lebensmittelsperre geraten die lnnerschweizer in eine immer schwierigere Lage. Sie beschließen, sich die gesperrten Transportwege freizukämpfen. Anfang Oktober scheint die Situation dafür günstig zu sein: Zürich und Bern sind politisch uneins, das Bündnis ist gelähmt.

Ein erster Angriff vom Luzerner Gebiet aus wird in Zürich zu wenig ernst genommen. Erst starke Truppenzusammenziehungen an den Grenzen rufen Zürichs Militär auf den Plan. Doch hat die neue Militärführung für einen solchen Krieg nicht die notwendige Erfahrung. Mit ziemlicher Verzögerung und einem viel zu kleinen Aufgebot ziehen die Zürcher am Vormittag des 11. Oktober los, unter ihnen fast alle wichtigen Vertreter der Reformation, darunter auch Huldrych Zwingli, der sich nach seinem Rücktritt von allen Ämtern der allgemeinen Wehrpflicht unterordnet.

Strategische und taktische Fehler, eine falsche Einschätzung der Gegner und wohl auch die heimliche Hoffnung, alles werde so glimpflich ablaufen wie zwei Jahre zuvor, lähmen die Zürcher Streitmacht.

Durch den Überraschungsangriff eines kriegserfahrenen Hauptmanns aus Uri mit seinen nur 80 Kriegsknechten, denen dann schnell die Hauptmacht folgt, werden die Zürcher am Nachmittag bei Kappel rasch und hart geschlagen; 400 von ihnen, darunter die treuesten Anhänger der Reformation, fallen, auch Zwingli.

Nach altem germanischem Rechtsbrauch wird sein Leichnam, als man ihn unter den Toten findet, geviertelt - wegen Spaltung der Eidgenossenschaft - und anschließend verbrannt und die Asche ins Wasser gestreut - wegen Ketzerei. Doch auch Stimmen aus der lnnerschweiz bestätigen dabei Zwinglis Treue für sein Land, für das ganze, nicht nur für Zürich.

Nach Zwingli

Im weiteren Verlauf des Krieges können die Zürcher, die sich nun auch mit den Bernern vereinen, die lnnerschweizer zwar aufhalten; da Bern aus Sorge um einen Krieg im Südwesten aber selber nicht angreifen will, lässt man ihnen zu viel Raum. Sie fallen plündernd in das Gebiet um den Zürichsee ein. Zürich muss seiner Landschaft zuliebe sofort Frieden schließen, der dann die Grundlage für den zweiten Kappeler Landfrieden wird.

Dieser Frieden sichert die noch katholischen Gebiete auch außerhalb der Innerschweiz für die Zukunft. Zürichs Ansprüche und damit auch die Reformation in der Nordostschweiz werden deutlich zurückgedrängt.

Was bleibt, ist eine Eidgenossenschaft, in der es katholische und reformierte Gebiete gibt, die sich gegenseitig dulden. Ein Wechsel des Bekenntnisses in den gemeinsamen Herrschaftsgebieten ist nur hin zum Katholizismus erlaubt. Auf Sonderbündnisse mit außerschweizerischen Mächten wird fortan verzichtet, zum deutlichen Schaden auch der bedrängten Reformation in Deutschland.

Zürich konzentriert sich in den folgenden Jahren auf sich selbst. Trotz der Niederlage von Kappel gelingt es, die Reformation im Inneren zu festigen, ein Verdienst vor allem von Zwinglis jungem Nachfolger, Heinrich Bullinger. Die Ausbreitung der Reformation nach schweizerischer Prägung ist aber für mehr als zwei Jahrzehnte gestoppt, bis dann Genf mit seinen Reformator Calvin an Zürichs Stelle treten kann, mit einigen anderen Akzenten. Doch zwinglisches Gedankengut verbreitet sich auch durch die umfangreiche Korrespondenz seines Nachfolger Bullinger bis nach England, was z. B. im Common Payer Book seinen Niederschlag hat.

Die wesentlichen Elemente der Zürcher Reformation und damit Zwinglis Lebenswerk leben allenthalben fort, egal, ob man sich nun als calvinisch oder zwinglisch ansieht - oder auch als lutherisch, anglikanisch oder gar katholisch. Die gottesdienstliche Verantwortung für alle Lebensbereiche und die vorgezeichnete demokratisch-genossenschaftliche Verfassung sind heute das Anliegen der Ökumene. Die vom Zürich Zwinglis ausgegangene heilsame Unruhe aus dem Wort Gottes, die keinen Stillstand im Kampf um Recht und Wahrheit duldet, nicht in der Kirche und nicht in der Politik, ist lebendig bis heute.

Teil 2

Thematische Zusammenfassungen

Die Macht des „Gotzworts"

Hält man sich vor Augen, wie schnell, radikal und dennoch weithin gewaltlos die Reformation in Zürich zwischen 1522 und 1525 durchgeführt wurde, dann stellt sich die Frage nach der inneren Triebkraft dieser Bewegung. In der Persönlichkeit des Reformators Zwingli allein kann sie nicht liegen, auch nicht im Zusammenwirken dieser Persönlichkeit mit vielen besonderen Zeitumständen und Erwartungen, so sehr diese bei der Frage nach der Kraft der Reformation zu berücksichtigen sind.

Das äußerliche Werk dieser Reformation war so nur möglich, weil sie in ihrem Kern eine Erweckungsbewegung war. Die heilsgeschichtliche Antwort, die die Geschichtswissenschaft nicht geben kann, ist unumgänglich: Es spielt ganz stark mit, dass „in unseren Zeiten die göttliche Gerechtigkeit durch das Gotteswort mehr auftut als in vielen Jahrhunderten bisher", wie Zwingli in seiner Schrift „Von göttlicher und menschlicher Gerechtigkeit" schrieb (Zwingli-Werke im Corpus Reformatorum = Z ll 474).

Es ist also das Wirken des Heiligen Geistes durch das gepredigte Wort Gottes überall dort, wo dieses nicht künstlich behindert wird.

Diese Meinung Zwinglis und seiner Freunde wird ihnen bestätigt durch die Ereignisse im eigenen Land. In den Bergkantonen der inneren Schweiz wird jegliche evangelische, also nur von der Bibel und nicht von der römisch-katholischen Tradition hergeleitete Predigt blutig verfolgt. Dort ändert sich auch äußerlich nichts. In den Städten hingegen, in denen die Predigt frei ist, setzt sich zwischen 1527 und 1530 die Reformation in jeder Beziehung durch.

„Tut um Gottes Willen seinem Wort keinen Zwang an!" ruft Zwingli seinen Landsleuten zu, um sie vor einem sonst unausweichlichen Gericht Gottes zu warnen, „denn wahrlich,

wahrlich, es wird so gewiss seinen Gang nehmen wie der Rhein; den kann man vielleicht für eine Zeit lang stauen, aber nicht aufhalten" (Z III 488). Und so sind sich die Zürcher sicher, dass das Wort Gottes bald nicht nur in ihrem ganzen Land, sondern auch in Deutschland, Frankreich, Italien und Spanien siegen würde. Je mehr es heute behindert würde, desto deutlicher würde es dann auch seine Kraft erweisen.

Inhalt dieses Gotteswortes ist das Evangelium. In den Thesen zur ersten Disputation fasst Zwingli das so zusammen: „Kern und Stern des Evangeliums ist, dass unser Herr Christus Jesus als der wahre Sohn Gottes uns zur Kenntnis gebracht hat, was sein himmlischer Vater haben will, und dass er uns mit seiner Unschuld vom Tode erlöste und mit Gott versöhnte." (Z II 38 f, hochdeutsch nach O. Farner).

Dabei ist zu beachten, dass für Zwingli die Predigt allein noch nichts tut, ja, dass sie für ihn - und da bleibt er anders als Luther und auch Calvin dem Kirchenvater Augustinus treu - auch nicht das vorrangige Transportmittel des Heiligen Geistes ist.

Der Heilige Geist muss vorher da sein, als ein inneres Wort in unserem Herzen wirksam. Dort bewirkt er den Glauben ganz ohne menschliches Dazutun. Vielleicht müsste man so bei denen, die das Wort der Bibel noch nicht erfahren haben, von einem unbewussten Glauben sprechen. Dieses innere Wort Gottes im Heiligen Geist ist es, was uns dann auch das äußere Wort, Schrift und Predigt, verstehen lässt, uns also nun die Wahrheit des Evangeliums in den Verstand bringt und uns auch äußerlich ändert.

Trotz dieses anderen Denkansatzes hat die Bibel bei Zwingli die gleiche Autorität wie bei den übrigen Reformatoren. Nur an ihr können wir erkennen. ob das, was wir da mit unserem Verstand glauben, auch wirklich die Wahrheit des Evangeliums ist, denn nur in ihr haben wir ein objektives Zeugnis des Heiligen Geistes, und an ihr ist all unser Tun zu messen und zu korrigieren.

Dieses Zeugnis betrachtet der Glaube immer in seinem Gesamtzusammenhang, und jede Textstelle muss, richtig verstanden, auf das Evangelium hinführen. Hat man Zweifel über verschiedene Auslegungsmöglichkeiten, dann frage man sich, durch welche wir selber mehr gedemütigt werden und Gott mehr geehrt; die ist die richtige. Kommt man gar nicht weiter, dann lese man erst mal einfachere Texte. In dieser Betrachtungsweise haben die verschiedenen Bücher der Bibel für Zwingli unterschiedliche Verbindlichkeit. Obenan stehen für ihn die Herrenworte Jesu Christi im Neuen Testament und das Johannesevangelium; die Apokryphen des Alten Testaments und das Buch Offenbarung im Neuen sind für ihn nicht biblisch. Er predigt darüber auch nicht, lässt sie aber doch mit aufnehmen in die Zürcher Bibelübersetzung.

So sehr Zwingli auch sprachwissenschaftlich und kritisch textvergleichend an die Bibel herangeht (und damit unsere heutige Vorgehensweise auf den Weg bringt), so bestimmt bleibt er immer dabei, dass alle Predigt frei von Menschenlehre sein muss und angewiesen bleibt auf das direkte Wirken des Heiligen Geistes in ihr. Nur durch ihn ist auch Christus in der Predigt und spricht Gott durch sie.

Solche christliche Predigt ist deshalb immer prophetische Predigt, und folgerichtig heißt das theologische Seminar der Zürcher Pfarrer „Prophezey". Der Heilige Geist wirkt aber in der Predigt nicht zeitlos. Er äußert sich durch heutige Menschen zu heutigen Menschen und führt sie zur Buße, die ja vom Glauben nicht zu trennen ist.

So ist die ganze Reformation genau genommen aktuelles Evangelium. Denn durch die Erlösung und Versöhnung befreit uns Christus aus allen Bindungen, in denen wir die Kreatur höher bewerten als Gott, und er erwirbt einen totalen Anspruch auf unser Leben. Er nimmt uns in Dienst für seine Sache. Dieser Dienst verändert den Einzelnen und das Zusammenleben nachhaltig und schafft so durch das Gesetz Gottes auch innerweltliches Heil.

Wenn die Zürcher Räte 1526 (?) den Predigtbesuch zur allgemeinen Pflicht machen, dann nicht, um die Gewissen der Bürger zu vergewaltigen, sondern es ist eine ordnungspolitische Maßnahme zur Hebung der allgemeinen Sittlichkeit; nach allem, was wir davon wissen, eine erfolgreiche. Zürich wird so zur Wiege auch des Puritanismus.

Zwinglis Blick aber geht weiter. Für ihn gibt es keine Grenze des Anspruchs Gottes auf uns und keine ausgesparten Themen (und also auch keine Zwei-Reiche-Lehre). Deshalb muss er auch immer „politisch" predigen, in Gehorsam gegen Gott und in Wahrnehmung des prophetischen Wächteramtes der Kirche, wie er es bei Ezechiel 3, 16-21. beschrieben fand.

Kirche und Staat bei Zwingli

Huldrych Zwingli lebte und wirkte in einer Umwelt, in der christliches Gemeinwesen und christliche Gemeinde deckungsgleich waren, auch wenn das Gemeinwesen mehrere Kirchen besaß wie Zürich. Das Abendmahl als gemeinsame Feier der ganzen Gemeinde wurde in der Reformationszeit nur an einem Ort gefeiert.

Das mittelalterliche Idealbild eines abendländischen Corpus Christianum, in dem weltliches und geistliches Regiment gemeinsam unter dem Regiment Christi wirken sollten, war durch die kirchlichen Missstände und die sich bekriegenden Fürsten zerfallen. Im Kleinen aber, so für die schweizerischen Städte und besonders auch Zürich, lebte es fort. Und dafür übernahmen die Räte schon im 15. Jahrhundert etliche kirchliche Kompetenzen in die eigene Gewalt. Der Bischof von Konstanz musste es aus politischen Rücksichten dulden.

Zwingli drückte diese Einheit von christlicher Stadt und christlicher Gemeinde aus in dem Bild von Leib und Seele, also etwas in dieser Welt Untrennbarem. Die Kirche als Seele in diesem Bild ist geboren aus dem Wort Gottes (Bund und Erwählung), auf das Wort hört sie und von ihm lässt sie sich leiten (Regiment Christi durch den Heiligen Geist). Ihre Aufgabe ist es nicht, zu herrschen wie die römische Kirche, sondern zu dienen. Sie dient aber mit dem Wort Gottes, das die Herrschenden unbedingt angeht. Die Erneuerung der Kirche durch das Gotteswort muss so auch zur Erneuerung des Staates führen. .

Wenn man Zwingli gerecht werden will, muss man statt von „Kirche und Staat" von der „christlichen Gemeinde nach ihrer kirchlichen und nach ihrer politischen Lebensform" reden (G. Locher, Zwingli in neuer Sicht, S. 247, Fußnote 307).

Im politischen Bereich sorgt Gott durch sein Gesetz und durch die Institution Obrigkeit (nicht durch eine bestimmte!) für äußere Ordnung, um dem Chaos zu wehren (so Z ll 305 u.ö.). Der Obrigkeit ist das Wohlergehen von Schafen Christi anvertraut; also sind auch die Magistrate Hirten und ihre Tätigkeit in Wirtschaft und Politik ist Gottesdienst (Z IV 424). Das Prinzip, nach dem sie vorgehen sollen, ist das der leider immer unvollkommenen menschlichen Gerechtigkeit, die aber ständig zu verbessern ist, so, dass jeder wirklich zu seinem Recht kommt. Vornehmste Aufgabe der Obrigkeit aber ist es, die freie Predigt des Gotteswortes zu schützen und sich selbst davon leiten zu lassen.

Die Predigt verkündigt Gottes Gerechtigkeit und seine unverdiente Gnade für uns. Sie macht dadurch frei von allen falschen Bindungen an Geschöpfliches; sie stellt bei Zwingli den ganzen bürgerlichen Eigentumsbegriff infrage (vergl. „Von göttlicher und menschlicher Gerechtigkeit", Z ll 471 ff.). Mit ihrer Schriftauslegung begleitet sie die politische Tätigkeit; nicht durch feste, immer gültige Regeln, sondern, da in ihr der Geist Gottes aktuell zur Sprache kommt, auch jeweils aktuell für die heutige Situation. Sie dringt dabei auf ständige Besserung und warnt vor Versündigungen. Sie nimmt damit das prophetische Wächteramt wahr, das in Ezechiel 3, 16 ff. beschrieben wird, und das lässt sich nicht für irgendwelche einzelnen Bereiche einschränken.

Die Kirche als Ortsgemeinde („Kilchhöre") ist es, die das kirchliche Leben in der Welt bestimmt, über das Leben ihrer Glieder und die Predigt wacht und auch die Reformation durchführt (durch Mehrheitsentscheid). Darüber hinaus verwandte Zwingli den Kirchenbegriff des apostolischen Bekenntnisses als die durch Christi Blut in Ordnung gebrachte Gemeinschaft der Heiligen und nannte auch die ganze „Christenheit", inklusive ihrer ungläubigen Glieder, „Kirche".

Zwingli schätzte zwar die schweizerischen Freiheiten sehr hoch, und sie waren ihm Gottes Zeichen gegen Tyrannei; dennoch bekannte er sich zu keiner bestimmten Staatsform. Ihm war es wichtig, dass die jeweilige Obrigkeit genügend Autorität besitzt, ihre Aufgabe zu erfüllen, dem Bösen zu wehren (notfalls mit der Todesstrafe) und die Schwachen zu schützen, wie es im Sinne Christi liegt. „Wenn sie aber treulos und außerhalb der Schnur Christi fahren würden, dürften sie mit Gott abgesetzt werden" (Schlussreden Art. 42, Z I 463). Das hat aber möglichst auch durch die kompetenten Verantwortlichen zu geschehen, die damit die Strafe Gottes vom Volk abwenden sollen.

Der theokratische Gedanke bei Zwingli denkt also nicht an eine

Kirche, die als Institution alles staatliche Leben bestimmt. In der Zusammenschau von politischer und Kirchengemeinde ist es vielmehr Gott selber durch den Heiligen Geist, der alle Belange regieren will und sich in der immer prophetisch verstandenen Predigt zur Sprache bringt.

Da die Einheit von politischer und Kirchengemeinde die Realität war, in der er lebte, bekam Zwingli eine neue Entwicklung andernorts nicht in den Blick: den anonymen, sich verselbständigenden Staat. Diese Entwicklung, vor allem in Frankreich, beobachtete dann sehr scharf Calvin. Nicht wegen Genf, sondern wegen der verfolgten Glaubensbrüder in seiner Heimat forderte er die staatsunabhängige Kirche. Sie bekam vor allem in der reformierten Diaspora ihre Kraft und ihr Gewicht, während das Staatskirchentum zwinglischer Prägung sich in den reformierten Teilen der Schweiz bis ins 19. Jahrhundert bewährte und noch heute fortwirkt.

Zwinglis Sichtweise mit der Identität von Christen- und Bürgergemeinde war eine mittelalterliche. Dennoch sollte sie uns heute in doppelter Hinsicht zu denken geben: Einmal in der äußeren Leitung unserer Kirchen, die in Finanzangelegenheiten, Personalpolitik und sogar der Diakonie immer wieder in Gefahr gerät, sich vom Wort Gottes zu verselbständigen. Zum anderen könnte Zwingli uns ermutigen, neu über das Wächteramt der Kirche nachzudenken, über die Schuld des Schweigens und die Pflicht, Gottes Wort auch dort auszurichten, wo man es nicht so gerne hört.

Zwinglis Gedanken über den Heiligen Geist

Zwinglis Gedanken über den Heiligen Geist sind nach seiner eigenen Auffassung selber Wirken des Heiligen Geistes. Denn alle Erkenntnis von Wahrheit, religiöser wie naturwissenschaftlicher, ist von ihm gewirkt, auch dort, wo er selber unbekannt bleibt: „Dass du glaubst, dass ein Gott sei und dich also geschaffen habe, kommt auch von Gott. Ebenso kommt auch das Naturgesetz allein von Gott, und es ist nichts anderes als der lautere Geist Gottes, der inwendig zieht und erleuchtet; weshalb auch die Heiden das Naturgesetz nicht aus ihrem eigenen Verstand, sondern aus dem erleuchtenden Geist Gottes, ihnen unbekannt, erkannt haben." (Auslegung des 39. Artikels der Schlussreden, Z II 327.)

Der Heilige Geist ist Gottes gnädige Zuwendung an uns Menschen. Er ist den Menschen Wegweisung, Verstand, Geist und Gemüt - wenn der Mensch sich nicht aus eigenem Willen dagegen auflehnt (so in der Auslegung des 5. Artikels, Z II 34,über den ersten Menschen Adam).

Aber auch dem, der sich, etwa im Religiösen, auflehnt, hilft Gott in anderen Bereichen weiter mit dem Heiligen Geist. Wobei „Gott hilft *mit* dem Heiligen Geist" Zwinglis Auffassung ungenau wiedergibt. Denn nach Joh. 4, 24. ist Gott Geist. Wo wir vom Heiligen Geist reden, reden wir also von Gott selber, so wie er für uns da ist und wirkt. Das aber tut er nur geistig-geistlich, denn er bindet sich nicht an Materie (das wird dann wichtig für Zwinglis Lehre vom Abendmahl). In diesem Geistig-Geistlichen wirkt der ganze Gott. Denn für Zwingli ist die Bedeutung der Trinität vor allem Gottes Einheit in der Dreiheit, nicht so sehr die Unterscheidung der drei Personen Gottes wie für Luther.

Zwingli legt also Wert darauf, immer den ganzen Gott in seinem absoluten Anderssein (und d. h. Gutsein!) sowie in seiner Zuwendung zu uns und der ganzen Schöpfung zu sehen. Das gilt für Gott als den Inbegriff des Guten und Ursprung allen Seins, das gilt für Jesus Christus, in dem sich Gott mit allen Konsequenzen, außer der Sünde, in menschliche Gestalt begibt und uns versöhnt, und das gilt für den Heiligen Geist. In ihm ist

Gott in uns und unter uns lebendig und wirksam. Der Heilige Geist ist es, der vor allem den Glauben bewirkt, indem der Vater zieht und wir so mit Christus vereint werden (das Christuswort Joh. 6,44: „Niemand kann zu mir kommen, es ziehe ihn denn der Vater", wird von Zwingli sehr oft zitiert). In dem Geist, der Glauben wirkt, ist Christus in seiner Gottheit gegenwärtig und schenkt Vergebung, Trost, Gewissheit und Frieden mit Gott; er macht lebendig, indem er zunächst zur Selbsterkenntnis der Buße führt. Darin verzweifelt der Mensch zuerst an seiner Seligkeit, doch dann wendet er sich „an die Barmherzigkeit Gottes und ruft sie an, und sobald er Christus erblickt, weiß er, dass er alles hoffen darf, denn wenn Gott für uns ist, wer mag dann wider uns sein?' (Röm. 8, 31.); jetzt steht er auf, der am Boden lag, er, der sich qualvoll als tot erkannt und empfunden hatte, lebt!" (Kommentar über wahre und falsche Religion, Z III 702, deutsch von Fr. Blanke.)

Die gläubige Hinwendung zu Christus schafft nur der Heilige Geist, kein Erzieher, kein menschliches Vorbild. „Für den Glauben braucht man keinen sichtbaren Menschen; denn nicht der Mensch macht den anderen Menschen gläubig, sondern der Geist, der das Herz und Gemüt zieht. Auch wenn man trotzdem die Predigt haben muss, so macht doch nicht sie das Herz gläubig; der Geist und das Wort Gottes tun das." (Auslegung des 17. Artikels, Z II 111.) Der Geist lässt das Wort Gottes hören und verstehen. Ohne ihn bleibt es leeres Menschenwort, allem Missbrauch ausgesetzt.

Diejenigen, die der Geist zum Glauben führt, sind die Auserwählten Gottes, die in Gottes Bund hineingenommen ihn allein als Gott verehren und sich auf ihn einlassen (so Z V 781). Diese erfahren aber zugleich, dass Gottes Heilshandeln universell menschlich ist und wie die kleinen Kinder auch die Heiden einschließt; denn „die Religion wurde damals nicht beschränkt auf die Grenzen Palästinas, weil der Himmlische eben nicht nur Palästina erschaffen oder begünstigt hat, sondern das ganze Universum" (Z IX 458). So freut sich Zwingli auch auf die himmlische Begegnung etwa mit Herkules und Theseus aus der griechischen Sage, mit den Philosophen Sokrates und Aristides, mit den römischen Schriftstellern Cato und Scipio - und auch mit den französischen Königen, wie er in seiner letzten Schrift einem von ihnen, Franz I., schreibt. Auch in ihnen allen sah er den Heiligen Geist wirksam.

Steckt nun in diesem Denken über den Heiligen Geist nicht eine gefährliche Schwärmerei, wie Luther sie Zwingli unterstellt hat? Könnte sich so nicht jeder mit allem auf das spezielle Wirken des Geistes berufen? In der Tat kommt Zwingli dieser Gefahr mehrmals nahe. Aber er erliegt ihr niemals. Denn der Heilige Geist bleibt für ihn sich selber treu und hat uns in der Bibel ein Selbstzeugnis gegeben, das uns erlaubt, zu prüfen und die Geister zu unterscheiden. Der Heilige Geist ist für uns nicht verfügbar, sondern verfügt über uns; er trachtet nach der Ehre Gottes und fordert die Demut des Menschen. Das und seine Übereinstimmung mit der Schrift sind seine untrüglichen Kennzeichen.

Unfreier Wille und Erwählung

(siehe dazu bes. Z III 1-230: Die Vorsehung)

Zwingli steht in der Auseinandersetzung um den freien oder unfreien Willen gegen Erasmus, der die humanistische Willensfreiheit (liberum arbitrium), hoch hält, näher bei Luther und seiner Lehre vom unfreien oder knechtischen Willen (servum arbitrium), ohne sich auf ihn zu berufen.

Zwingli betont immer wieder Gottes Einfachheit (lat. simplicitas), die man in heutiger Sprache vielleicht besser Eindeutigkeit nennen könnte: In ihm vereinen sich Kraft und Allmacht und Wahrheit zum höchsten Gutsein. Was er erschafft, erschafft er nicht zu seiner eigenen Ehre, sondern er verschenkt im Schaffen sein eigenes Leben, lebt daher in allem Lebendigen. Dem Leben zu dienen bedeutet, mit Gott in Einem zu sein: „Erwähle nun das Leben, damit du lebst, du und deine Nachkommen, und liebe den HERRN, deinen Gott, höre auf seine Stimme und halte dich an ihn - das ist dein Leben und dein hohes Alter -, damit du in dem Land wohnen bleibst, das der HERR deinen Vorfahren, Abraham, Isaak und Jakob, zu geben geschworen hat." (Deuteronomium 30, 19.20. zitiert in Z III 64.).

Ein freier Wille des Menschen und jeglicher Verdienst durch ein noch so heiliges Leben sind von der Vorsehung Gottes aufgehoben. Wobei Zwingli den Verdienstgedanken insofern relativiert, als beispielsweise die prophetische Predigt ihn gegenüber den Unwissenden anwenden kann, sie auf den rechten Weg des göttlichen Gesetzes zu leiten.

Für die Vorsehung gilt, dass Gottes Gerechtigkeit Teil seiner Barmherzigkeit ist, in der er die Menschen mit sich verbindet und sie als Kinder adoptiert. Damit unterscheidet Zwingli sich deutlich von Calvin, der neben den Erwählten, die unter Gottes Barmherzigkeit stehen, auch Verworfene kennt, die seiner strafenden Gerechtigkeit anheimfallen. Dagegen Zwingli: Entsprechend dem, was Gott in Christus für uns getan hat, nimmt Gott uns an, und darin ist er gerecht.

„Von Verworfenen ist (bei Zwingli) nur am Rande die Rede. Bis zum Erweis des Gegenteils sollen wir an die Erwählung unserer Mitmenschen glauben; dieser Erweis ist in der Regel unmöglich." (Locher, ...in neuer Sicht S 217).

Huldrych Zwingli und das Abendmahl

Fragt man in unseren Gemeinden, was denn eigentlich „reformiert" sei, dann bekommt man oft etwas verlegen eine Antwort über das Abendmahl: Luther sagte „das ist", Zwingli „das bedeutet".

Das stimmt zwar, und doch ist es nicht richtig. Denn diese Kurzformel stellt wohl den letzten Punkt dar, an dem sich die beiden Reformatoren nicht einigen konnten, dennoch erfasst sie keineswegs das Wesen der Sache oder gar die inhaltliche Bedeutung des Abendmahls.

In der Abendmahlslehre - Zwingli sprach immer vom „Nachtmahl" - drückt sich eine sehr eigenständige theologische Entwicklung Zwinglis aus, mit der er erst im Nachhinein in den Gegensatz zu Luther geriet. Und nicht dieser Gegensatz, sondern die besondere theologische Denkweise, die zu seiner Abendmahlslehre führte, ist das Besondere und bis heute Bedeutsame, das uns interessieren soll.

Hatte Zwingli als katholischer Priester in Glarus (1506-1516) das dogmatische Gebäude der katholischen Kirche noch respektiert, so kamen ihm doch schon in dieser Zeit Zweifel an der katholischen Messe. Auf einer seiner Reisen als Feldprediger bekam er in den südlichen Voralpen eine alte Messliturgie in die Hand, die vieles, was ihm in Glarus vorgeschrieben war, gar nicht zu kennen schien. Und so begann er nachzuforschen: Wann und weshalb ist denn was in die Messfeier eingeflossen? Offenbar kam die abendländische Christenheit fast 1000 Jahre ohne Festlegung aus, ob in diesem Sakramentshandeln des Opfertodes Christi nur gedacht oder ob er nachvollzogen und ob aus Brot und Wein wirklich Leib und Blut Christi oder nur geistige Symbole dafür würden.

Insbesondere Zwinglis Lieblingskirchenvater Augustin stand für eine symbolische Deutung ein; erst um das Jahr 1000 wurde die Lehre von der Wandlung der Elemente zur verbindlichen Kirchenlehre. Was hatte sich da durchgesetzt? Gottes Geist oder Menschengeist?

Diese Frage konnte für Zwingli nur aus der Bibel beantwortet werden, die ihm ein objektives Zeugnis des Heiligen Geistes war. Obwohl ihm die Richtung sehr früh klar gewesen zu sein scheint, hat er an der Klärung dieser Frage lange gearbeitet, ging es doch um ein Herzstück der alten Kirche.

Vermutlich 1523 bekam er, durch zwei seiner Schüler überbracht, einen Brief des holländischen Humanisten Cornelius Hoen. Darin legt dieser dar, dass das „es ist" in den Abendmahlsworten zu verstehen sei als ein „es bezeichnet", also symbolisch aufzufassen sei. Denn an vielen anderen Stellen gibt es diese symbolische Verwendung, gerade auch in den „Ich bin"-Worten Jesu „Ich bin die Türe", „Ich bin der Weinstock" und auch „Ich bin das Brot des Lebens", wobei im selben Kapitel (Johannes 6) noch steht: „Der Geist ist es, der lebendig macht, das Fleisch hilft nichts".

Aus der gleichen Zeit berichtet Zwingli von einer Idee, die ihm im Traum gegeben worden sei: das Wort „Passa", der Name des Mahles, das Jesus beim ersten Abendmahl mit seinen Jüngern feierte, bedeutet im Lateinischen „Vorübergehen". Beim ursprünglichen Passa vor dem Auszug aus Ägypten ging der Würgeengel Gottes an den Häusern der Israeliten vorüber und schonte sie. Dessen erinnerte sich Jesus mit seinen Jüngern damals. Und so kann auch dieses Mahl die Erinnerung bedeuten, dass Gottes Strafgericht an denen vorbeigeht, für die Christus gestorben ist.

Bedeutsamer aber wurde für Zwingli in diesem Zusammenhang der Gedanke an die Geistigkeit Gottes. Gerade weil Gott Geist ist und nicht Materie - dadurch unterscheidet sich der Schöpfer wesentlich vom Geschöpf - kann er auch im Abendmahl nicht materiell da sein. Der menschliche Leib Christi wurde uns in der Himmelfahrt, entzogen, er ist zur Rechten Gottes. Unter uns ist er im Heiligen Geist. Und der Geist will in uns wirken, er zieht uns im Glauben zu Gott und spricht uns die Vergebung zu, durch die wir erlöst werden, und leitet uns an, dieser Erlösung gemäß zu leben.

Bevor Zwingli durch die Auseinandersetzung mit Luther anders genötigt wurde, betonte er in seinen Schriften hauptsächlich den Erinnerungscharakter des Abendmahls: Die Gemeinde vergewissert sich des Gnadenopfers Christi am Kreuz und bekennt es öffentlich („des Herren Tod verkündigen"), indem sie dafür Gott lobt und dankt und sich ihm verpflichtet. Der Schwerpunkt liegt auf dem Begriff des Gedächtnisses.

Später, von Luther dazu gefordert, geht Zwingli scheinbar weiter und betont, dass Gott im Vollzug der Abendmahlsfeier wirklich geistig da ist. Doch ist das eigentlich kein neuer theologischer Schritt bei ihm. Für ihn war schon immer klar, dass, wo Glauben da ist und gelebt wird, Gottes Geist wirksam da ist. Das wird nun auch noch einmal ausdrücklich auf das Abendmahl bezogen.

Bedeutsamer scheint mir etwas anderes zu sein: Schon in seiner Abendmahlsliturgie, mit der 1526 das reformierte Abendmahl in Zürich eingeführt wurde, beginnt das Gebet zwischen dem Unser-Vater und den Einsetzungsworten - also ganz nah an dem Punkt, an dem die katholische Messe die Wandlung sieht - so: „O Herr, allmächtiger Gott, der Du uns durch deinen Geist in Einheit des Glaubens zu deinem Leib gemacht hast…." (Z IV 22). Steckt in diesem liturgischen Detail vielleicht ein ganz neuer, viel tieferer und wirksamerer Sinn von „Wandlung" als im herkömmlichen Verständnis? Die Vereinigung der Gläubigen mit Gott vollzieht sich hier nicht dadurch, dass der Schöpfer Materie wird, sondern dadurch, dass er die bekennende Gemeinde durch seinen heiligen Geist zum irdischen Leib des erhöhten Christus werden lässt. Das ist es, was wir uns im Abendmahl vergegenwärtigen und wozu wir uns zurüsten lassen dürfen.

Nachwirkungen Zwinglis

Was kam nach Zwingli? und: Wo wirkt er heute nach?

In der Kirchengeschichtsschreibung wird der zweite Kappeler Krieg, den Zürich verlor und in dem Zwingli fiel, oft als „Katastrophe" bezeichnet. Ich meine, nicht ganz zu Recht. Zwingli selber hatte ja eine derartige Entscheidung zum frühest möglichen Zeitpunkt gewollt, um diese unvermeidliche Auseinandersetzung möglichst zu begrenzen und nicht zum Weltkrieg werden zu lassen. Das ist durch diesen verlorenen Krieg auch so gekommen: Die Auseinandersetzung blieb innerschweizerisch, wurde, im Vergleich zu anderen Kriegen der Epoche, ohne übermäßiges Blutvergießen zu Ende geführt und hielt die Schweiz aus den späteren großen Konfessionskriegen (30jähriger Krieg!) heraus.

Zwar wurde damit auch die Ausbreitung der Reformation von Zürich her unterbunden; aber in Zürich selbst konnte sie sich festigen, und für die weltweite Ausbreitung trat bald Genf an Zürichs Stelle.

Unmittelbare Folge des Todes Zwinglis auf dem Schlachtfeld waren der Triumph seiner Gegner, auch Luther fühlte sich durch ein solches Gottesurteil gegen ihn bestätigt, und ein Vergessen oder Verschweigen seines Namens - außer in Zürich, wo man sich dieses Propheten und Erneuerers immer dankbar erinnerte.

In Heinrich Bullinger fand Zwingli in Zürich einen Nachfolger, dem es gelang, sein Werk zu ordnen und zu festigen, in einigen

Dingen auch zu korrigieren und auszubauen. So bestand er erfolgreich auf dem Recht der politischen Predigt und dem Rederecht der Pfarrer vor den Räten, also dem kirchlichen Wächteramt, während sonst zwischen der Leitung der äußeren und der geistlichen Dinge in Kirche und Staat klar unterschieden wurde.

Kaum zu ermessen ist, wieweit zwinglisches Denken durch Bullinger in seiner sehr umfangreichen und weitreichenden Korrespondenz verbreitet wurde. Sein „Hausbuch", das zwinglischen Geist atmet, fand in ganz Europa starke Verbreitung.

Theologisch baute Bullinger Zwinglis Ansatz einer Theologie des Gottesbundes aus, hielt auch gegen viele Kritiker, darunter Calvin, an seiner Erwählungslehre fest, die keine „Verwerfung" neben der Erlösung kennt, und fand mit Calvin einen Kompromiss in der Abendmahlsfrage: Wohl bindet sich der Heilige Geist nicht an die Elemente (so Zwingli), in der Feier des Mahls wird aber äußerlich besiegelt, was er innerlich bewirkt (so Calvin gegen Zwingli).

Auf dieser Grundlage fanden Genf und Zürich zusammen und konnten dann gemeinsam Bullingers „Zweites Helvetisches Bekenntnis" annehmen. Diese Einheit der schweizerischen Reformation war eine Voraussetzung für ihre Verbreitung auch nach Nordwest- und Südosteuropa.

Jean Calvin gehörte anfangs zu denen, die in der Beurteilung Zwinglis auf Luther hörten. Erst in Genf (1536) begann er, sich mit Schriften Zwinglis zu befassen, und vieles, etwa in Fragen von Rechtfertigung, Heiligung und Bedeutung des Gesetzes, floss in seine Theologie ein, ohne dass er sich dabei je ausdrücklich auf Zwingli berufen hätte.

Das taten dafür andere, die zwinglische Positionen auch gegen

Calvin vertraten, wie z. B. Johannes a Lasco, der u. a. in Ostfriesland und London wirkte und dem das in seiner Freundschaft zu Calvin keinen Abbruch tat.

Dennoch geriet Zwinglis Name außerhalb Zürichs bald in Vergessenheit. Erst im 18. und 19. Jahrhundert besann man sich wieder mehr auf ihn, jedoch vor allem als eines Freiheitshelden.

Sehr anders nahmen ihn dann die Religiösen Sozialisten seit Ende des 19.Jahrhunderts wieder auf. Sie faszinierte der Praktiker Zwingli, und sie fanden eigene praktische Forderungen bei ihm schon theologisch durchdacht. In ihrem bedeutendsten Vertreter in der Schweiz, Leonhard Ragaz (1868-1945), lebte auch wieder Zwinglis prophetische Betrachtung gegenwärtiger Geschichte neu auf. In dieser theologischen Schule scheint das Erbe Zwinglis heute am lebendigsten zu sein.

Nach wie vor klein geschrieben wird der Name Zwinglis in der heutigen ökumenischen Bewegung, denn für hochkirchlich und sakramental orientierte Zeitgenossen ist er noch immer ein Reizwort. Dagegen folgt man ihm in der ökumenischen Praxis durchaus: Man erkennt, wie Zwingli auch auf dem Höhepunkt seines Streits mit Luther, dass kirchliche Gemeinschaft auch da möglich ist, wo dogmatische Unterschiede fortbestehen, und lernt dazu von ihm, zwischen wesentlichen und zweitrangigen Glaubenssätzen zu unterscheiden. Ganz mit Zwingli strebt man heute in der Ökumene die Erneuerung und Einigung der Kirche durch den Heiligen Geist an und entsinnt sich zugleich des Reformators, dem auch die scheinbar nichttheologischen Dinge Anliegen seiner Reformation waren.

Und schließlich hat Zwingli auch den Theologen „der Revolution" des 20. Jahrhundert voraus gearbeitet, indem er das Widerstandsrecht, ja, die –pflicht!, aus der Schrift offenlegte (Vergl. G. Locher, Die zwinglische Reformation, S.697 f.).

Vielleicht sollten wir heute in Bezug auf die Schlacht von Kappel sogar froh sein, dass sie uns vor der Entstehung einer „Evangelisch-zwinglischen Kirche" bewahrt hat. Eine solche hätte den Namensgeber vermutlich kanonisiert und die heilsame Unruhe Zwinglis kaum erhalten können, die heute noch an vielen Orten, und nicht nur reformierten, spürbar ist. Die Besinnung auf das Erbe Zwinglis macht nämlich Mut, die Bibel ernst zu nehmen als ein Buch, aus dem der Heilige Geist ganz aktuell heute für heute zu uns redet und auch äußerliche, gerade auch politische Konsequenzen aus der frohen Botschaft fordert.

Und diese Besinnung führt auch dazu, jede „politische" Theologie daraufhin zu prüfen, ob sie dem Geist, der aus der Bibel spricht, gerecht wird, so wie das die Barmer Synode 1934 begonnen hat. Der Geist nämlich ist es, der lebendig macht, indem er durch die Buße auch auf ganz neue Wege führt und Mut macht, sie zu beschreiten.

Beachten Sie auch vom selben Autor:

Tilman Hachfeld:

Psalmenpredigten

Dass die biblischen Psalmen, das Gesang- und Gebetbuch Israels, von Anfang an auch im christlichen Gottesdienst ihren Ort hatten und haben, ist unumstritten. In der Reformationszeit fanden sie in Martin Luther und besonders Johannes Calvin engagierte Ausleger. Calvin, der sonst nur über neutestamentliche Perikopen predigte, predigte fortlaufend über alle 150 Psalmen, die er zudem in seinen Vorlesungen gründlich interpretierte.

Trotz dieser reformatorischen Wertschätzung gingen die Psalmen aus den vorgeschlagenen Predigttexten der Perikopenordnung der lutherischen Kirchen verloren. Erst in der anstehenden Revision kommen 11 von ihnen, verteilt auf vier Predigtreihen, wieder vor. Dieser Band mit 28 Predigten soll der Erbauung der Gemeinde und der Ermutigung von Predigern dienen, alternativ zu den üblichen Perikopen vermehrt über Psalmen zu predigen, im Bewusstsein, dass sie das ungeteilte Erbe Israels bleiben, Christen aber hoffen dürfen, durch den Sohn Israels, Jesus von Nazareth, daran Anteil zu bekommen.

BoD-Verlag, Norderstedt, ISBN: 978-3-743180789, € 12.-

...und seine Web-Seite:

www.tilman-hachfeld.de